Wappenbuch
des Kantons Bern

Armorial
du canton de Berne

Wappenbuch des Kantons Bern

Das Berner Staatswappen sowie die Wappen der Amtsbezirke und Gemeinden

Im Auftrag des bernischen Regierungsrates herausgegeben von der Direktion der Gemeinden zum Jubiläum

«150 Jahre bernische Verfassung von 1831»

Bearbeitet vom Berner Staatsarchiv unter Mitwirkung von Grafiker Hans Jenni, Bern

1981

Staatlicher Lehrmittelverlag Bern

Armorial du canton de Berne

Les Armoiries de l'Etat de Berne, des districts et des communes

Publié par la Direction des affaires communales sur mandat du Conseil-exécutif du canton de Berne, à l'occasion du jubilé

«La Constitution bernoise de 1831 a 150 ans»

Elaboré par les Archives de l'Etat de Berne avec la collaboration de M. Hans Jenni, graphiste

Librairie de l'Etat Berne

Umschlagbild und Frontispiz:
Ämterscheibe des Staates Bern, 1640.
Hans Ulrich Fisch I.
(Original: 43,5 × 34,8 cm;
Bernisches Historisches Museum; Photo BHM.)

Couverture et frontispice:
Vitrail des Bailliages de l'Etat de Berne, 1640.
Hans Ulrich Fisch I.
(Original: 43,5 × 34,8 cm;
Musée d'Histoire, Berne; cliché BHM.)

© Staatlicher Lehrmittelverlag, Bern

Gesamtherstellung: Stämpfli + Cie AG, Bern
Photolithos: Busag, Niederwangen bei Bern

© Librairie de l'Etat de Berne

Réalisation technique: Stæmpfli + Cie SA, Berne
Photolithos: Busag, Niederwangen, près de Berne

ISBN 3-292-16100-2

ISBN 3-292-16100-2

Inhaltsverzeichnis

Geleitwort des Gemeindedirektors
des Kantons Bern 7

Einführung 11

Allgemeines zum Wappenwesen 12

Der Ursprung des Wappenbrauchs 12
Die Entwicklung der Heraldik 13
Die Wappengestaltung 14
Die Farben 15
Das Wappenbild 16
Die Fachsprache 16
«Rechts» und «links» 19

Das Wappenwesen im Kanton Bern 23

Das Staatswappen 23
Die Ämterwappen 26
Die Gemeindewappen 27
Die Bereinigung der öffentlichen Wappen
(1943–1946) 29
Die Verwendung der Wappen 31
Vom Wappenrecht 34

Praktische Hinweise 36

Die Wappen 43

Das Staatswappen 44

Table des matières

Préface du directeur des Affaires
communales du canton de Berne 7

Introduction 11

Des Armoiries 12

Origine du port des armoiries 12
Evolution de l'héraldique 13
Elaboration des armoiries 14
Des couleurs 15
Partition, pièces et meubles de l'écu ... 16
Expression technique 16
«Dextre» et «sénestre» 20

Le Blason dans le Canton de Berne 23

Les Armoiries de l'Etat 23
Les Armoiries des districts 26
Les Armoiries des communes 27
Mise au point des armoiries publiques
(1943–1946) 29
Port des armoiries 31
Du droit héraldique 34

Indications pratiques 36

Les Armoiries 43

Les Armoiries de l'Etat 44

Die Wappen der Amtsbezirke und Gemeinden · Les Armoiries des districts et des communes   47

Amtsbezirk Aarberg	48
Amtsbezirk Aarwangen	54
Amtsbezirk Bern	62
Amtsbezirk Biel · District de Bienne	68
Amtsbezirk Büren	72
Amtsbezirk Burgdorf	78
District de Courtelary	86
Amtsbezirk Erlach	92
Amtsbezirk Fraubrunnen	99
Amtsbezirk Frutigen	106
Amtsbezirk Interlaken	110
Amtsbezirk Konolfingen	118
Amtsbezirk Laufen	128
Amtsbezirk Laupen	134
District de Moutier	140
District de La Neuveville	148
Amtsbezirk Nidau	152
Amtsbezirk Niedersimmental	160
Amtsbezirk Oberhasli	164
Amtsbezirk Obersimmental	168
Amtsbezirk Saanen	172
Amtsbezirk Schwarzenburg	176
Amtsbezirk Seftigen	180
Amtsbezirk Signau	188
Amtsbezirk Thun	192
Amtsbezirk Trachselwald	200
Amtsbezirk Wangen	206

Literaturhinweise · Bibliographie   215

Register der Wappen · Index des Armoiries   217

Geleitwort

Als 1939 in schicksalsschwerer Zeit – am Vorabend des Zweiten Weltkrieges – das Schweizervolk sich zur Landesausstellung in Zürich zusammenfand, bildete auf der «Höhenstrasse» der Flaggenwald der über 3000 schweizerischen Gemeindewappen ein eindrückliches Symbol schweizerischer Eigenart. Wir Schweizer waren stolz darauf, mit diesen farbenfrohen Zeugen lebendiger Gemeindeautonomie zu zeigen, dass wir unsere Kraft nicht aus einem gleichgeschalteten, zentralistischen Einheitstopf schöpfen, sondern immer noch den alteidgenössischen Grundsatz der Einheit in der Vielfalt hochhalten.

Wenn auch die Erfordernisse der modernen Zeit häufig regionale und sogar nationale Lösungen unserer Alltagsprobleme erheischen, bemühen wir uns doch wieder vermehrt, die Gemeinden als Zellen unseres politischen Lebens und als Grundelemente unserer staatlichen Struktur gesund und handlungsfähig zu erhalten: Nirgends so wie in der Gemeinde berührt der demokratische Entscheidungsprozess die Bürgerinnen und Bürger derart direkt. Gerade im Kanton Bern – das dürfen wir mit Stolz feststellen – besitzen die rund 410 politischen Gemeinden einen Spielraum selbständiger politischer Kompetenz, der andernorts nicht anzutreffen ist.

Ein Blick auf die Geschichte zeigt uns aber, dass die uns heute vertrauten politischen Gemeinden, die Einwohner- und die gemischten Gemeinden, in ihrer rechtlichen Struktur gar nicht so alt sind. Wohl gibt es Anfänge der

Préface

En 1939, aux jours critiques qui précédèrent la Deuxième Guerre mondiale, c'est un symbole impressionnant du particularisme helvétique qui accueillait le peuple suisse à l'Exposition nationale de Zurich: l'avenue d'honneur était ombragée d'une forêt de fanions, composée des quelque 3000 armoiries des communes suisses. Nous autres, Suisses, étions alors fiers de manifester, à l'aide de ces joyeux témoins d'une autonomie communale vivante, que nous puisons notre force dans un vieux principe confédéral, l'unité dans la diversité, et que nous sommes opposés à toute uniformisation centralisatrice.

Bien que les nécessités des temps modernes nous poussent souvent à trouver à nos problèmes quotidiens des solutions d'ampleur régionale et même nationale, nous nous efforçons d'une manière accrue de conserver des communes saines et actives dans leur rôle de cellules politiques et dans la fonction de base qu'elles assument dans notre structure étatique. Hormis la commune, il n'est point de domaine de la vie politique où le citoyen soit confronté d'une manière aussi directe avec la décision politique.

Nous sommes fier de rappeler précisément à cet endroit que les 410 communes politiques du canton de Berne jouissent d'une liberté d'action politique qu'on ne retrouve nulle part.

L'histoire nous apprend toutefois que la structure juridique actuelle de nos communes municipales et de nos communes mixtes n'est pas très an-

Entwicklung der bernischen Gemeinden, die bis ins Mittelalter zurückreichen. Vor allem das Zeitalter der Reformation vermittelte dann wesentliche Impulse. Aber unsere heutigen Einwohnergemeinden sind eine Schöpfung der liberalen Staatserneuerung des 19. Jahrhunderts. Als mit der Verfassung von 1831 im Kanton Bern der demokratische Volksstaat aufgebaut wurde, schuf das Gemeindegesetz vom 20. Dezember 1833 die rechtliche Grundlage. Artikel 1 lautet: «Jeder Gemeindebezirk bildet in Betreff derjenigen Angelegenheiten desselben, welche mit der Staatsverwaltung in näherem Zusammenhange stehen, eine Einwohnergemeinde.»

Augenfällige Symbole der Eigenständigkeit der Gemeinden sind die Gemeindewappen. In den vierziger Jahren unseres Jahrhunderts unterzog eine kantonale Wappenkommission in Zusammenarbeit mit den Gemeindebehörden die Wappen sämtlicher bernischen Gemeinden einer Überprüfung und Bereinigung. Als diese Arbeiten 1947 beendet waren und der Regierungsrat alle bernischen Gemeinde- und Ämterwappen mit ihrer heraldischen Beschreibung genehmigt hatte, wurde der Wunsch geäussert, in einem Berner Wappenbuch diese Wappen gesamthaft zu veröffentlichen. Die Realisierung des Gedankens unterblieb indessen. Erst im April 1980 beauftragte der Regierungsrat die Direktion der Gemeinden, als Jubiläumsgabe zur 150-Jahr-Feier der Verfassung von 1831 ein Berner Wappenbuch herauszugeben. Als Gemeindedirektor freue ich mich, diesem Wappenbuch die besten Wünsche mit auf den Weg zu geben. Ich gedenke dabei dankbar der Förderung, die meine Amtsvorgänger,

cienne. Si certains principes de ce développement du droit communal sont attestés dès le Moyen Age, reconnaissons que c'est surtout l'époque de la Réformation qui leur a donné une vigueur essentielle. Il n'en reste pas moins que nos communes municipales actuelles sont une création du mouvement libéral, régénérateur de l'Etat au XIXe siècle. Quand la Constitution cantonale de 1831 eut instauré la souveraineté populaire, la loi sur les autorités communales, du 20 décembre 1833, promulgua les fondements juridiques des communes. Citons l'article premier: «Chaque arrondissement communal forme, relativement aux affaires qui tiennent de plus près à l'administration de l'Etat, une *commune d'habitans.*»

Les armoiries communales sont l'emblème de l'autonomie des communes. Il y a une quarantaine d'années, une commission cantonale d'héraldique procéda, avec le concours des autorités communales, à un examen approfondi et à une mise au point de toutes les armoiries communales. Les travaux furent achevés en 1947, et le Conseil-exécutif homologua le contenu héraldique des armoiries des districts et des communes de tout le canton. D'aucuns souhaitèrent alors la publication d'un armorial du canton de Berne. Mais on en resta là. En avril 1980, enfin, le Conseil-exécutif chargea la Direction des affaires communales de publier un armorial du canton de Berne à l'occasion et en l'honneur du jubilé de la Constitution cantonale de 1831. En tant que directeur des Affaires communales, nous saluons la parution de cet armorial. Nous savons gré à nos prédécesseurs, MM. les conseillers d'Etat Dr Ernst Jaberg et

Regierungsrat Dr. Ernst Jaberg und Regierungsrat Peter Schmid, dem Werke angedeihen liessen. Ohne die Unterstützung durch Mittel der SEVA, wofür ich dem Gesamtregierungsrat und insbesondere Regierungsrat Dr. Robert Bauder zu Dank verpflichtet bin, wäre eine so günstige Herausgabe des prächtigen Bandes nicht möglich gewesen.

Nach langem Warten liegt das Berner Wappenbuch endlich vor. Ganz besondere Anerkennung verdienen die Verfasser Hans Schmocker, Dr. Karl Wälchli und Ernst Hirschi vom Staatsarchiv in Bern, der Grafiker Hans Jenni, der die heraldisch einheitliche Gestaltung aller Wappen mit grossem Geschick besorgte, und Eugen Götz-Gee, dem wir die künstlerische Gestaltung des Wappenbuches verdanken. Zu danken haben wir aber auch dem Leiter des Staatlichen Lehrmittelverlages, Francis Steulet, der die Administration besorgte, sowie Gymnasiallehrer Raphael Carnat, der die Texte ins Französische übersetzte.

Ich übergebe das Berner Wappenbuch dem Bernervolke mit der Hoffnung, der prächtige Band werde dazu beitragen, die Verbundenheit der Bernerinnen und Berner mit ihren Gemeinden zu vertiefen.

Peter Schmid, d'avoir favorisé la réalisation de cet ouvrage. L'appui financier de la SEVA, seul, a permis la diffusion dans le grand public d'un ouvrage si prestigieux; nous en remercions ici le Conseil-exécutif et particulièrement M. le conseiller d'Etat Dr Robert Bauder.

Voici donc l'Armorial du canton de Berne. Notre reconnaissance s'adresse spécialement à ses auteurs, MM. Hans Schmocker, Dr Karl Wälchli et Ernst Hirschi, des Archives de l'Etat, à M. Hans Jenni, graphiste, pour le bonheur avec lequel il nous présente ces armoiries dans leur unité héraldique, ainsi qu'à M. Eugen Götz-Gee, qui a assuré la réalisation artistique de l'ouvrage. Elle s'adresse aussi à M. Francis Steulet, directeur de la Librairie de l'Etat, qui s'est chargé des travaux administratifs rendus nécessaires, et à M. Raphaël Carnat, professeur, responsable de la traduction française.

C'est au peuple bernois que nous remettons cet Armorial du canton de Berne, en souhaitant qu'il contribue à resserrer les liens qui unissent les citoyens et citoyennes bernois à leurs communes.

Der Gemeindedirektor
des Kantons Bern

Dr. H. Krähenbühl
Regierungsrat

Le directeur des Affaires communales
du canton de Berne

Dr H. Krähenbühl
Conseiller d'Etat

Bern, im Herbst 1981

Berne, automne 1981

Einführung   Introduction

Allgemeines zum Wappenwesen

Der Ursprung des Wappenbrauchs

Das Rittertum des Mittelalters ist längst dahingegangen; aber manches aus jener Zeit ist lebendig geblieben, wenn auch mitunter zweckentfremdet oder missverstanden. Ein solches Erbstück aus der Ritterzeit ist das Wappenwesen. Das Wort «Wappen» ist nicht nur nahe verwandt mit «Waffen»: die Wortähnlichkeit bedeutet hier die Übereinstimmung in der Sache. Das Wappen war ursprünglich ein Teil der ritterlichen Bewaffnung, und zwar diente es als Erkennungszeichen. Die Gestalt des Ritters war vom Panzer vollständig umschlossen, das Gesicht vom Helmvisier verdeckt. Also malte man ein weithin erkennbares Zeichen auf den Schild, und was einer «im Schilde führte», gab ihn als Freund oder Feind zu erkennen.

Das persönliche Abzeichen des Kriegers wurde nicht nur auf dem Schild angebracht, sondern überall, wo sich Gelegenheit dazu bot: auf der Schabracke, auf dem Mantel, auf dem Speerwimpel und (wenn immer tunlich) als möglichst hoher und imposanter Aufsatz auf dem Helm. – Die Gefolgsleute eines derart aufgeputzten Ritters trugen sein Zeichen ebenfalls oder doch wenigstens seine Farben.

Bei den kleinen Fehden der Feudalherren gab es vielleicht nur zwei Wappen auf dem Kampfplatz – die von Freund und Feind. Bei den grossen, aus verschiedenen Ländern zusammengewürfelten Heeren während der

Des Armoiries

Origine du port des armoiries

La Chevalerie du Moyen Age s'est éteinte depuis bien longtemps; une partie de son héritage subsiste, vivante, sous des formes – il est vrai – souvent mal comprises ou même détournées de leur signification primitive. Or, le blason est un héritage du temps de la Chevalerie. La parenté étroite qui lie les termes d'armoiries et d'armes ainsi que la double signification du mot: armes, ne font que souligner l'implication réciproque des choses. En effet, dès l'origine, les armoiries font partie de l'armement du chevalier car elles servent à identifier celui qui l'a revêtu: la silhouette personnelle du combattant s'efface sous l'armure, et la visière du casque, rabattue, masque parfaitement son visage. Ainsi, sur l'écu, on peint un signe reconnaissable de loin et susceptible de déclarer ouvertement qui est celui qui le porte.

L'emblème personnel du guerrier ne figure pas exclusivement sur l'écu; on l'appose et le reproduit sur toutes les parties de l'armement qui s'y prêtent: sur les housses de la monture, sur le manteau du chevalier, sur son gonfanon; on l'érige même sur le casque en un cimier aussi élevé et aussi imposant que possible. Les membres de la suite d'un chevalier pareillement équipé portent eux aussi son emblème ou, tout au moins, ses couleurs.

Dans les petites guerres que se livrent les seigneurs féodaux, il n'y a souvent que deux blasons en lice: ceux

Kreuzzüge gab es so viele verschiedene Wappen zu unterscheiden, dass der einfache Mann überfordert war. Das Erkennen und das Benennen der Wappen wurde zu einem besonderen Wissenszweig. Der Wappenkundige wurde Herold genannt – eigentlich «Heer-Walt», nämlich Heeres-Ordner. In diesem Namen kommt zum Ausdruck, was der ursprüngliche Sinn der Wappen war: die Ordnung im Gefecht zu bewahren. Der Herold (französisch «héraut», englisch «herald») gab dem ganzen Wappenwesen den Namen: Heraldik.

de chacun des adversaires. Mais les armées recrutées dans plusieurs pays en vue d'entreprises guerrières de l'importance des Croisades présentent une telle profusion d'armoiries diverses que le simple combattant ne parvient plus à s'orienter. Ainsi, reconnaître ou déchiffrer les armoiries devient l'objet d'un savoir spécial. On appelle héraut celui qui en est maître, c'est-à-dire, d'après l'étymologie: organisateur ou ordonnateur d'armée (Heer – Walt). Ce mot souligne la fonction première des armoiries: assurer une certaine transparence à la mêlée. A partir du mot: héraut, et de ses équivalents étrangers (Herold, herald) s'est développé le terme général d'héraldique.

Die Entwicklung der Heraldik

Evolution de l'héraldique

Das Wappen war zuerst ein persönliches Abzeichen. Damit wurde der ritterliche Einzelkämpfer, den die Rüstung unkenntlich gemacht hatte, wieder erkennbar. In erster Linie wollte er sich natürlich als Träger eines Amtes oder als Inhaber einer Stellung zeigen: als Herzog von Schwaben, als Graf von Savoyen oder als Freiherr von Signau. Da aber diese Titel in der Regel vererbt wurden, war es selbstverständlich, dass aus dem Einzelwappen ein Familienwappen wurde.

Doch wurde auch versucht, im gemeinsamen Familienwappen den Einzelnen zu bezeichnen: Mit sogenannten «Brisüren» liess sich der Rang des Wappenträgers im Clan ausdrücken. In der alten englischen Heraldik z. B. war ersichtlich, ob der Träger das Familienoberhaupt war, ob «nur» der dritte Sohn oder gar ein illegitimer Spross.

A l'origine, le blason est un emblème personnel. Il permet d'identifier l'individu, que son armement a rendu méconnaissable. De son côté, le combattant tient aussi à faire savoir qu'il est titulaire d'une charge ou détenteur d'un pouvoir spécial, qu'il est duc de Souabe, comte de Savoie ou seigneur d'Erguel. De tels titres sont en général héréditaires; il est donc normal que les armoiries d'un individu deviennent celles d'une famille entière.

Inversement, à partir d'armoiries communes à toute une famille, on tend à signaler l'individu: ainsi, certains signes placés sur l'écu – qu'on appelle brisures – permettent de préciser le rang que le combattant détient au sein de la famille. L'héraldique anglaise ancienne avait de quoi faire savoir si le combattant était chef de clan ou simplement troisième fils puîné. Elle pouvait même signaler la bâtardise.

Wenn also das Privatwappen letztlich auf die Unterscheidung von Einzelpersonen ausging, so könnte man das öffentliche Wappen, also das Wappen von Städten, Ländern oder Gemeinden, auf das Betonen der Zusammengehörigkeit zurückführen. So ist ja das Schweizer Wappen entstanden: der Chronist berichtet von der Schlacht bei Laupen (1339), die Berner und ihre Verbündeten, die Urner, Schwyzer, Unterwaldner, Oberhasler und Simmentaler hätten sich als gemeinsames Zeichen ein weisses Kreuz angeheftet.

Es fällt übrigens auf, dass die Familienwappen im hohen Mittelalter allgemein figurenreicher, komplizierter sind als die Wappen der Gemeinwesen.

Die Wappengestaltung

In der Heraldik kann man drei Bereiche unterscheiden: die Wappenkunde, die als historische Hilfswissenschaft zu betrachten ist, sodann die Wappenkunst, die praktische Ausübung der Heraldik, und endlich das Wappenrecht. Hier müssen einige Elemente der Wappenkunst besprochen werden.

Vorab ist zu bemerken, dass die Regeln und Gebräuche der Heraldik seit Jahrhunderten festgelegt sind. Innerhalb dieser alten Regeln ist ein gewisser Spielraum in der Wappengestaltung gestattet; aber grundsätzlich Neues gibt es nicht. In der Heraldik heisst es also: Wenn du mitmachen willst, dann akzeptiere die Tradition; wenn dir das nicht passt, so lass die Hände davon.

Si donc le blason privé tend en fin de compte à manifester les qualités qui distinguent tel ou tel individu, on peut dire que les armoiries publiques, celles des villes, des régions ou des communes tendent surtout à souligner des liens communs ou l'appartenance à une souche commune. C'est dans cet esprit que sont apparues les armoiries de la Suisse: le chroniqueur rapporte que, pour la bataille de Laupen (1339) les Bernois et leurs alliés, les paysans d'Uri, d'Unterwald, de Schwytz, ceux du Haut-Hasli et du Simmental arboraient une croix blanche en signe de ralliement.

En outre, l'étude révèle que les armoiries familiales du haut Moyen Age sont en général beaucoup plus chargées et plus compliquées que les armoiries de communautés.

Elaboration des armoiries

Le blason comprend trois domaines parmi lesquels nous distinguons: la science héraldique, qui est une science auxiliaire de l'histoire, puis l'art héraldique, qui est la maîtrise de l'expression graphique ou plastique du blason, et enfin, le droit héraldique. Qu'on nous permette de rappeler ici quelques rudiments d'art héraldique.

Remarquons d'emblée que les règles et usages héraldiques subsistent depuis plusieurs siècles. Ces règles très anciennes permettent une certaine liberté dans l'élaboration d'armoiries; mais, en héraldique, on ne trouvera rien qui soit réellement nouveau. La tradition y est souveraine. Tel est l'impératif formel. Il faut l'accepter tel quel ou, alors, renoncer à jouer les héraldistes amateurs.

Die Farben

Ein Wappen ist immer farbig. Das heisst nicht: möglichst bunt – es ist sogar ein Wappen in nur einer einzigen Farbe denkbar.

Aus der unendlichen Vielfalt von Farbtönen in der Natur benutzt die Heraldik folgende Hauptfarben:

Schwarz,
Rot,
Grün und
Blau.

Dazu kommen die sogenannten Metalle

Gold (Gelb) und
Silber (Weiss).

Man beachte aber: Man spricht wohl von Gold und Silber; man verwendet aber die Farben Gelb und Weiss.

Zu den genannten sechs Farben kommt etwa noch Purpur, ein Violettrot. Gelegentlich muss man zu «natürlichen» Farben Zuflucht nehmen. Das ist für Einzelheiten gestattet. Aber die Übereinstimmung mit der Natur wird in der Heraldik zuletzt gesucht. Ein blauer Löwe kann also heraldisch besser sein als ein gelber, auch wenn dieser einem Zoo-Löwen mehr gleicht!

Für die Anordnung der Metalle und Farben gibt es eine wichtige Regel: Farbe steht nicht neben Farbe, Metall nicht neben Metall.

Es leuchtet ein, dass die Befolgung dieses Grundsatzes wesentlich zur plakativen Wirkung eines Wappens beiträgt; es ergibt sich zwangsläufig eine starke Kontrastwirkung. (Es gibt Ausnahmen von der Regel, so z. B. wenn es sich um kleine Berührungsflächen handelt wie bei einem grünen Dreiberg auf rotem Schild.)

Des couleurs

Un blason est toujours en couleur. Mais ceci ne signifie pas qu'on le souhaite le plus bariolé possible. On peut même concevoir un blason d'une seule couleur.

De la gamme de couleurs et de teintes infiniment nuancée que la nature nous propose, l'héraldique n'a retenu principalement que les quatre couleurs suivantes, qu'elle nomme «émaux»:

Sable (noir)
Gueules (rouge)
Sinople (vert)
Azur (bleu)

et deux «métaux»:

Or (jaune)
Argent (blanc)

Précisons à ce propos qu'on parle d'or et d'argent, mais que ces mots désignent le jaune et le blanc.

A ces six couleurs principales s'est ajouté le pourpre (rouge violacé); occasionnellement, on peut recourir aux couleurs «naturelles»; c'est permis pour rendre tel ou tel détail. Mais il faut se rappeler que la conformité à la nature est le dernier des soucis de l'héraldique et que, partant, un lion bleu peut être héraldiquement préférable à un lion jaune, bien que celui-ci ressemble davantage à l'hôte de nos jardins zoologiques.

Une règle essentielle préside à la juxtaposition des couleurs: Ne pas juxtaposer un émail à un autre; ne pas juxtaposer un métal à l'autre.

Il est évident que l'application de ce principe contribue largement à développer l'effet voyant d'un blason, effet nécessaire de couleurs contrastant vio-

Das Wappenbild

Es wäre ein Wappen ohne Bild denkbar, wenn nämlich das Wappen nur aus einer Farbe besteht. Praktisch kommt das aber kaum vor; die Regel ist ein Wappenbild.

Die einfachsten dieser «Bilder» entstehen durch die Teilung des Schildes. Weitere Varianten ergeben sich, wenn der Schild mit «Pfahl», «Balken», «Sparren» oder andern Gebilden «belegt» wird. Treten endlich als Figuren alle möglichen Gegenstände, Pflanzen, Tiere, Himmelskörper, ja sogar Fabelwesen auf, so sind der Möglichkeiten zur Wappengestaltung unzählige.

Allerdings: wie bei den Farben gibt es auch bei den Formen strenge Einschränkungen. Diese betreffen aber nicht die Wahl des Motivs, sondern die Darstellungsart. In der Heraldik hat sich ein eigener Stil entwickelt: die Formen werden vereinfacht bis zur Formelhaftigkeit. Eine heraldische Lilie z. B. hat kaum noch Ähnlichkeit mit ihrem botanischen Urbild; die heraldische Sonne wird einem Gestirnskundigen lächerlich erscheinen.

Mit einem Wort: die Heraldik hat sich eine ganz eigene Bildersprache geschaffen.

Die Fachsprache

Jeder Beruf hat für gewisse Dinge Bezeichnungen, die nur von Fachleuten verstanden und verwendet werden. Eine besonders geprägte Fachsprache gibt es auch in der Heraldik. Das ist nicht nur Spleen der Herolde und ihrer Nachfahren, der heutigen Heraldiker, sondern bedingt durch die Notwendigkeit, die Wappen zu beschreiben.

Historisch interessant ist, dass die heraldische Sprache im französischen lemment. (Bien sûr, il y a des exceptions à cette règle: lorsque, par exemple, de petites surfaces se trouvent rapprochées, tel le mont à trois coupeaux de sinople sur champ de gueules.)

Partition, pièces et meubles de l'écu

On peut concevoir un blason dépourvu de tout signe distinctif, c'est-à-dire constitué par un simple champ de couleur. En fait, ceci est l'exception; l'écu porte généralement un signe distinctif.

Les plus simples parmi ces signes résultent de la seule partition de l'écu. Les pièces nobles telles que pals, fasces, chevrons ou autres offrent une nouvelle source de variété. Si l'on ajoute enfin comme meubles tous les objets possibles, toutes les plantes, les animaux, les corps célestes et même des êtres fabuleux, les possibilités de décoration de l'écu deviennent innombrables.

Toutefois, comme c'est le cas pour les couleurs, il existe aussi de strictes limitations concernant la reproduction des formes. Elles ne touchent pas le choix du sujet mais la manière de le représenter. L'héraldique a su développer une stylisation qui lui est propre: les formes sont souvent stylisées au point d'en devenir abstraites. Ainsi le lis héraldique n'a que peu de ressemblance avec son modèle botanique; et l'astronome éclate de rire lorsqu'il aperçoit tel soleil imaginé par les héraldistes.

En un mot: l'héraldique s'est créé un système d'expression plastique qui lui est propre.

Expression technique

Toute profession désigne les objets dont elle se sert au moyen d'expres-

Kulturbereich viel älter ist als im deutschen. In Frankreich hatten sich die Fachausdrücke schon im Mittelalter gebildet und gefestigt; sie wurden zum grossen Teil ins Englische übernommen (nicht übersetzt), da ja die herrschende Schicht im mittelalterlichen England der normannische Adel mit seiner französischen Sprache war. Im deutschen Bereich wurden lange die französischen Ausdrücke verwendet, aber uneinheitlich – dies auch, wenn man deutsche Wörter zu Hilfe nahm. Erst im letzten Jahrhundert setzte sich im Deutschen Reich die heute gültige heraldische Sprache durch.

Ihre Eigentümlichkeit besteht darin, dass sie praktisch lauter bekannte deutsche Wörter verwendet; deren Inhalt deckt sich aber nicht mit dem des gewöhnlichen Sprachgebrauchs. Man könnte auch sagen: die heraldische Sprache braucht die altvertrauten Wörter nur in einem sehr engen Sinn. Ein Beispiel möge das zeigen: Wir wissen, was ein «Haupt» ist, wir können uns auch unter einem «Pfahl» etwas vorstellen. Was ist ein «Hauptpfahl»? Das Schildhaupt ist einfach der oberste Teil des Schildes; ein Pfahl ist ein

sions qui ne sont comprises et utilisées que par les spécialistes. L'héraldique aussi dispose en quelque sorte d'une langue propre. Celle-ci n'est pas un mythe inventé par les hérauts et entretenu par leurs successeurs actuels, les héraldistes, mais un code indispensable pour le blasonnement.

Dans une perspective historico-géographique, il est intéressant de constater que la langue héraldique s'est fixée en pays francophone beaucoup plus tôt qu'en pays germanique, alors que l'essentiel du vocabulaire guerrier dont dispose le français est précisément d'origine germanique. En France, les expressions techniques s'étaient formées et fixées dès le Moyen Age; en grande partie, elles furent reprises telles quelles par l'anglais, car à cette époque la classe dirigeante de l'Angleterre médiévale est d'expression française: c'est la noblesse normande. En pays germanique, on utilisa longtemps les termes français, sans uniformité parfaite toutefois, puisqu'on avait recours occasionnellement à certains vocables allemands. La langue héraldique allemande date en fait du XIXe siècle.

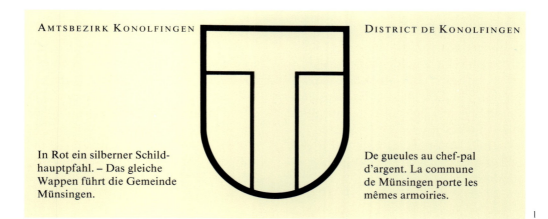

AMTSBEZIRK KONOLFINGEN

In Rot ein silberner Schildhauptpfahl. – Das gleiche Wappen führt die Gemeinde Münsingen.

DISTRICT DE KONOLFINGEN

De gueules au chef-pal d'argent. La commune de Münsingen porte les mêmes armoiries.

senkrechter Streifen durch die Schildmitte. Ein Hauptpfahl ist also das Gebilde, das sich im Wappen des Amtes Konolfingen vorfindet.

Die Beschreibung eines Wappens (der Fachausdruck dafür ist «Blasonierung») wirkt oft befremdend. Man versuche aber einmal, das erwähnte Konolfinger Wappen in unserer gewöhnlichen Sprache unmissverständlich zu beschreiben – es wird nur mit grossem Aufwand an Formulierungen gelingen.

Ganz ohne Unstimmigkeiten geht es natürlich auch in der heraldischen Fachsprache nicht! So hat sich um den Begriff «Stern» zwischen der französischen und der deutschen Schweiz eine Differenz ergeben. In der Westschweiz waren von jeher fünfstrahlige Sterne beliebt; in der deutschen Schweiz dagegen sechsstrahlige. Also bedeutet «Stern» im Wappen von Malleray ganz selbstverständlich einen fünfstrahligen Stern. Wenn aber Pontenet einen sechsstrahligen Stern hat, so muss das als Ausnahme ganz deutlich bezeichnet werden: «Stern mit sechs Strahlen». In der deutschen Schweiz ist es umgekehrt: Der Stern im Wappen von Trachselwald ist ohne nähere Bezeichnung sechsstrahlig; kommen andere Sterne vor, so muss es deutlich bezeichnet werden (Blauen: «fünfstrahliger schwarzer Stern»; Thun: «siebenstrahliger goldener Stern»).

Von solchen Einzelheiten abgesehen, ist die heraldische Fachsprache ein sehr gutes Instrument, das allerdings nur einige wenige Fachleute beherrschen. Wer sich als Laie darin versuchen will, muss die Fachliteratur zu Rate ziehen.

La langue héraldique française est un instrument très ancien. Elle se sert de termes dont la signification, incontestablement précise dès l'origine, ne s'est maintenue telle que pour ceux qui ont pratiqué le blason et, bien sûr, a fini par échapper au profane, très enclin à ne voir en elle aujourd'hui qu'un exercice de pédanterie, alors que pour l'héraldiste elle est demeurée l'instrument irremplaçable. Ainsi en va-t-il de bon nombre de techniques. Qui de nous est encore capable de comprendre, par exemple, le travail qu'exécute le bûcheron de nos forêts? Notre époque a découvert la tronçonneuse et, pour le citadin, tout problème d'abattage semble désormais résolu. Mais pour le bûcheron qui, des siècles durant, n'a disposé que de sa force musculaire, appliquée le plus efficacement possible à des instruments tels que la scie, la cognée, la hache ou la serpe, il demeure évident que tailler, trancher et couper correspondent à des gestes absolument différents, gestes qu'aucun bûcheron n'est disposé à confondre. Comprenons à notre tour que, pour l'héraldiste aussi, tailler, trancher, couper et «partir» l'écu correspondent à des manières de partager un champ, qui ont l'avantage de ne pas pouvoir se confondre. Telle est la précision de la langue héraldique.

Pour démontrer sa concision, contentons-nous d'un exemple concret: regardons les armoiries du district de Konolfingen.

Une telle partition de l'écu s'appelle chef-pal: deux mots, deux syllabes, et tout est clair pour les amateurs d'héraldique. Mais s'il faut expliquer la même partition au profane, impossible d'éviter les redites ou le petit dessin.

GEMEINDE RÜSCHEGG

In Gold eine aus dem linken Obereck wachsende schwarze Löwentatze, eine schrägrechtsgestellte ausgerissene grüne Tanne mit rotem Stamme haltend.

COMMUNE DE RÜSCHEGG

D'or à la patte de lion de sable, mouvant du canton sénestre du chef et tenant un sapin arraché de sinople et fûté de gueules, posé en bande.

«Rechts» und «links»

Eine Besonderheit der heraldischen Sprache ist die Verwendung der Begriffe rechts und links. Wir müssen nämlich in der Heraldik umlernen: was wir als rechts bezeichnen, ist in einem Wappen links, was wir im gewöhnlichen Leben als linke Seite betrachten, ist in der Heraldik rechts.

Diese heraldische Eigenheit rührt von den kriegerischen Anfängen der Heraldik her. Das Wappen hatte ja seinen ersten Platz auf dem Schild. Und nun wurden «links» und «rechts» des Schildes ganz einfach vom Träger aus bezeichnet. Den Schild trug man am linken Arm. Beim Vorrücken war die «rechte» Seite des Schildes dem Feinde zugekehrt. Rechts bezeichnete also die Angriffsrichtung. Man kann also heraldisch «rechts» mit «vorn», «links» mit «hinten» gleichsetzen.

Es ist ganz selbstverständlich, dass die Figuren in einem Wappen immer nach vorn blicken. In der Regel ist das, wie gesagt, nach rechts, aber das ist nicht immer der Fall. Das naheliegendste Beispiel ist die wappengeschmückte Berner Fahne. Der Bär marschiert immer nach vorne, der Fah-

Précision et concision, tels sont les objectifs de tout blasonnement. Toutefois, chez nous, du fait de notre situation géographique et culturelle, la description héraldique ne saurait exclure d'emblée toute équivoque. Le mot «étoile», par exemple, peut cacher une différence qui existe entre la Suisse romande et la Suisse alémanique. Les Romands ont toujours préféré l'étoile à cinq rais tandis que les Alémaniques préfèrent celle de six rais. Il en résulte qu'une étoile sur les armoiries de Malleray déploie tout naturellement cinq branches, alors que celle qui figure aux armoiries de Pontenet en déploie six, ce qu'il faut spécifier: «étoile à six rais». En Suisse alémanique, c'est le contraire qui se produit: l'étoile des armoiries de Trachselwald a six rais – faute de toute autre précision. Mais si l'on a affaire à d'autres étoiles, le blasonnement se devra de le préciser (Blauen: «étoile à cinq rais de sable»; Thoune: «étoile à sept rais d'or»).

Mis à part de tels détails, la langue héraldique est un instrument parfaitement idoine, mais seuls quelques spécialistes le maîtrisent. Le profane qui désire s'engager dans ce domaine fera bien de lire les ouvrages spécialisés.

nenstange zu. Auf der einen Seite des Fahnentuches heisst das nach rechts, auf der andern nach links.

«Rechts» und «links» in der Heraldik geben also die Richtungen «vorwärts» und «rückwärts» an. Damit ist auch eine Wertung verbunden: «vorwärts» ist besser als «rückwärts». Und hierin hat nun die höfische und später die diplomatische Heraldik Feinheiten entwickelt, über die man ruhig ein wenig lächeln darf. Aber etwas davon ist heute noch gebräuchlich. So ist uns wohlbekannt, wie bei einer Siegerehrung die Reihenfolge der «Medaillenränge» ist: sie entspricht genau der Aufstellung dreier heraldischer Zeichen, nämlich das Ranghöchste in der

«Dextre» et «Sénestre»

L'emploi des termes «dextre» (étymologiquement: droit) et «sénestre» (étymologiquement: gauche) est une des particularités de la langue héraldique. L'héraldique nous oblige de changer nos manières de voir: ce que nous voyons à droite se trouve sur la partie gauche d'un blason et, inversement, ce que la réalité nous offre à gauche figure sur la partie droite du blason.

Ceci remonte aux origines guerrières de l'héraldique. Les armoiries ont leur première place sur le bouclier, et la droite ou la gauche du bouclier sont conçues en fonction de celui qui le porte. On porte le bouclier au bras

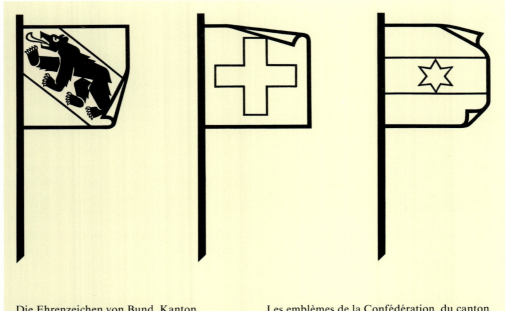

Die Ehrenzeichen von Bund, Kanton und Gemeinde (hier Renan) werden nach dem Rang angeordnet:
1. Eidgenossenschaft (in der Mitte),
2. Kanton (rechts der Schweizerfahne),
3. Gemeinde (links der Schweizerfahne).
«Rechts» und «links» hier im Sinne der Heraldik verwendet!

Les emblèmes de la Confédération, du canton et de la commune (ici: Renan) sont disposés selon l'ordre de préséance:
d'abord, la Confédération, au centre;
ensuite, le canton,
à dextre de l'emblème fédéral;
enfin, la commune, à sénestre
de l'emblème fédéral.

3

Mitte, das Zweithöchste (heraldisch) rechts, das Dritthöchste links. Wer also je einmal die Fahnen der Eidgenossenschaft, des Kantons Bern und der eigenen Gemeinde nebeneinander zu hissen hat, stelle die Schweizer Fahne in die Mitte, die Kantonsfahne rechts davon (wohlverstanden: heraldisch rechts!) und endlich die Gemeindefahne zur (heraldischen) Linken.

In der alten Heraldik hat man nicht nur auf die Reihenfolge der Wappen geachtet, sondern sogar auf die Zuwendung der Wappenzeichen gegen das Nachbarwappen. Stünden in der Abbildung 3 drei Wappenschilde anstatt der Fahnen von Bund, Kanton und Gemeinde vor uns, so wäre die Reihenfolge der Wappen gleich; aber der Bär müsste sich aus «Höflichkeit» dem ranghöheren Schweizer Wappen zuwenden, also nach links. Die Zuwendung erfolgt übrigens nicht nur gegen den Höheren, sondern auch gegen den Rangtieferen. In Abbildung 5 stehen die Wappen des Kantons und der Stadt Bern nebeneinander. Der ranghöhere kantonale Bär wendet sich nach links, dem rangtieferen städtischen Bären zu.

Als Beispiel für die bewusste Zuwendung von Wappenfiguren diene das Frontispiz unseres Buches, die Ämterscheibe von 1640. Im Mitteloval steht eine Pyramide von drei Wappen: zwei gegeneinander gewendete Berner Wappen sind überhöht vom Reichswappen mit dem doppelköpfigen Adler (man bedenke, dass die Eidgenossenschaft damals noch Glied des Deutschen Reiches war und Bern eine freie Reichsstadt). Krone, Schwert und Reichsapfel sind wichtige Attribute; sie betonen die von Bern im Namen des Reiches ausgeübte Macht. Zwei

gauche. Lorsqu'on avance vers l'ennemi, c'est le côté droit du bouclier qui est dirigé vers lui. Ainsi «dextre» désigne la direction de l'attaque. En héraldique, «dextre» équivaut donc à devant ou en avant, et «sénestre» à derrière ou en arrière.

Il va de soi que les figures d'un blason sont tournées vers l'avant; d'après ce qu'on a dit, cela signifie qu'en général elles regardent à gauche; mais ce n'est pas toujours le cas. Le drapeau bernois nous en offre l'exemple le plus simple. L'ours y marche toujours vers l'avant, c'est-à-dire: vers la hampe du drapeau; mais l'un des côtés de l'étoffe nous le présente regardant à gauche, tandis que, sur l'autre, l'ours regarde à droite.

«Dextre» et «sénestre» signifient donc, en héraldique, «en avant» et «en arrière»; ce qui implique un jugement de valeur. «En avant» est préférable à «en arrière». A partir de ce principe, l'héraldique courtoise et, plus tard, l'héraldique diplomatique ont inventé des finesses dont il est permis de s'amuser un peu. Certaines d'entre elles sont demeurées en usage jusqu'à nos jours. Nous connaissons tous l'ordre dans lequel on distribue les différentes médailles aux vainqueurs sportifs lors des proclamations de résultats: c'est celui dans lequel on dispose les insignes héraldiques; l'insigne du plus élevé en dignité se place au centre, celui du deuxième se place à dextre, et celui du troisième à sénestre. S'il nous arrive de devoir hisser les uns à côté des autres les drapeaux de la Confédération, du canton et de la commune, nous mettrons donc au centre celui de la Confédération, à dextre celui du canton, et celui de la commune à sénestre.

grimmige Leuen bedrohen uns als Schildhalter. Diese Wappenkombination wird «Bern-Reich» genannt. – Rund um dieses Bern-Reich angeordnet stehen die 42 Wappen der bernischen Ämter, alle der Mitte zugewendet, genauer: der Mitte oben. Die Mittellinie ist zwischen den Wappen von Thun und Zofingen zu denken. Nun blicken alle Wappen der heraldisch linken Schildhälfte nach rechts; die Figuren stehen also in der «normalen» heraldischen Position. Das unterste Wappen ist das des Klosters Königsfelden; da seine Figur axialsymmetrisch ist, also keine «Richtung» aufweist, findet auch keine Änderung statt. Aber auf der andern Seite, der (heraldisch) rechten, wenden sich nun die Figuren der Mitte oben zu: der Halbmond von «Orung» (Oron), die Steinböcke, die Adler bis zum Schrägbalken von Thun.

Warum stehen übrigens die Wappen von Murten, Grandson, Orbe und Schwarzenburg nicht in der Reihe der übrigen Ämter? – Hier kommt mit der separaten Anordnung in den Ecken die hohe Diplomatie zu Ehren: Die vier Ämter standen unter gemeinsamer Verwaltung der Stände Bern und Freiburg. Hätte man sie in die ausschliesslich bernischen Ämter eingereiht, so hätte das zu diplomatischen Demarchen führen können...

En héraldique ancienne, on veillait soigneusement à orienter les armoiries vers celles qui leur étaient supérieures en dignité. Ainsi, lorsque l'ours bernois se trouve à la deuxième place, il devrait s'orienter vers les armoiries qui occupent la place d'honneur. Ceci nous montre que les armes ne manifestent pas exclusivement l'agressivité guerrière, mais qu'elles peuvent exprimer aussi l'affabilité et la courtoisie.

Comme exemple d'orientation absolument courtoise d'armoiries, prenons le frontispice du présent ouvrage: le vitrail des bailliages de 1640. L'ovale qui constitue le centre du vitrail est chargé de trois écus disposés en pyramide, deux écus de Berne orientés l'un vers l'autre et soutenant celui de l'Empire, que l'on reconnaît au globe et à la couronne qui l'accompagnent. Cette composition d'armoiries s'appelle Berne-Empire. Deux lions fort courroucés lui servent de support. (Il existe des vitraux sur lesquels n'apparaît que le motif: Berne-Empire). Notre vitrail présente les armoiries des 42 bailliages bernois disposées autour du thème Berne-Empire. Ici, toutes les armoiries sont orientées vers le centre ou, plus précisément, vers la partie supérieure du milieu. Il faut s'imaginer une ligne de démarcation passant entre les armoiries de Thoune et celles de Zofingue. Nous constatons alors que toutes les armoiries de la moitié dextre du vitrail sont orientées vers celles de la moitié sénestre.

Das Wappenwesen im Kanton Bern

Le Blason dans le canton de Berne

Hier wird nur von den öffentlichen Wappen gesprochen. Die Privatwappen lassen wir beiseite, wobei selbstverständlich ist: die Regeln der Heraldik gelten für beide Sparten gleich.

Nous ne présentons ici que les armoiries publiques, laissant de côté les armoiries privées; rappelons que les règles héraldiques régissent également les deux domaines.

Das Staatswappen

Les Armoiries de l'Etat

Berns Wappentier ist der Bär. Er tritt als Sinnbild der Stadt schon früh auf: Im ersten Siegel, das seit 1224 nachweisbar ist, bewegt sich ein Bär schräg aufwärts, freilich noch ohne «Strasse». Auch auf Münzen des 13. Jahrhunderts kommt der Bär vor.

L'ours est l'emblème de Berne. Il apparaît très tôt comme emblème de la ville. Le premier sceau, dont l'existence est attestée dès 1224, présente déjà un ours qui se déplace de biais, vers le haut; mais il n'y a pas encore de «route». L'ours apparaît également sur des monnaies du XIIIe siècle.

Das älteste Siegel der Stadt Bern (l.). – Das früheste bekannte bernische Münzgepräge aus dem 13. Jahrhundert (r.).

Le sceau le plus ancien de la ville de Berne (à gauche). – (A droite) la pièce de monnaie frappée à Berne la plus ancienne que l'on connaisse, datant du XIIIe siècle

Die erste farbige Darstellung des Wappens in seiner heutigen Gestalt ist überliefert auf einem prächtigen Setzschild aus dem 14. Jahrhundert. Aus der Zeit nach 1400 sind dann Berner Wappen in reicher Zahl bekannt, besonders auch aus den Bilderchroniken. Die schönsten Gestaltungen fand das Wappen wohl in den überaus beliebten Standesscheiben. Die älteste Beschreibung des Wappens ist als Vers überliefert, und zwar im Guglerlied, das kurz nach 1375 entstanden ist:

> Berner waffen ist so snell
> mit drin gevarwten strichen;
> der ein ist rot, der mittel gel,
> darin stat unverblichen
> ein ber gar swarz gemalet wol,
> rot sind ihm die clawen;
> er ist swerzer denn ein kol,
> bris er bejagen sol.

Man hat sich eigentlich bis in die neuste Zeit hinein nie um eine heraldische Beschreibung bemüht. Man konnte sich getrost auf die «Offenkunde» des Wappens berufen, das heisst: das Berner Wappen – auf Münzen, Fahnen, Schlössern dargestellt – war allgemein bekannt.

Als dann 1943–1946 die Wappen des Staates, der Ämter und der Gemeinden offiziell festgelegt wurden, begnügte man sich mit der Blasonierung der Wappen von Amt und Gemeinde Bern.

Da diese Wappen vollständig mit den Staatswappen übereinstimmen, gilt auch die gleiche Beschreibung:

> «In Rot ein goldener Rechtsschrägbalken, belegt mit einem schreitenden Bären mit roten Krallen.»

Innerhalb dieser Blasonierung sind natürlich Verschiedenheiten in der Gestaltung möglich, und so haben denn

La plus ancienne représentation en couleurs des armoiries sous leur forme actuelle se trouve sur un magnifique pavois datant du XIVe siècle. Dès le début du XVe siècle, les armoiries de Berne sont attestées fréquemment, en particulier dans les chroniques illustrées. Mais c'est sur les vitraux offerts par l'Etat que l'on peut découvrir les plus beaux spécimens d'armoiries bernoises.

La plus ancienne description – on ne saurait parler de blasonnement – nous est fournie par la Chanson des Gugler, chanson créée peu après 1375, et dont la traduction revient à ceci:

> L'écu de Berne est si réussi
> Avec dessus ses traits colorés:
> Le premier est rouge, le médian, jaune.
> Au milieu, impavide se tient
> Un ours tout noir et bien dessiné:
> De griffes rouges il est armé,
> Sa robe est plus noire que charbon,
> Il aura pour seul butin la gloire.

En somme, jusqu'à une date récente, on ne s'est pas soucié de blasonner les armoiries. On pouvait se fonder sur leur large diffusion. Tout le monde les connaissait puisqu'on les retrouvait partout: sur les pièces de monnaie, sur les drapeaux, sur les châteaux.

Lorsqu'en 1943/1946 les armoiries de l'Etat, des districts et des communes ont été fixées officiellement, on s'est contenté de blasonner les armes des districts et des communes. Comme les armoiries de l'Etat sont identiques à celles de la commune de Berne, le blasonnement des unes vaut pour les autres:

> De gueules à la bande d'or chargée d'un ours passant de sable armé et lampassé du premier.

Cette description permet, bien sûr,

Das Wappen des Kantons mit der Souveränitätskrone und das der Stadt Bern mit der Mauerkrone, die ein städtisches Gemeinwesen symbolisiert. – Die Wappen sind rangmässig angeordnet (Kanton rechts, Stadt links) und einander zugewendet.

L'emblème du canton, timbré d'une couronne de souveraineté, et celui de la ville de Berne, timbré d'une couronne murale, pour symboliser la communauté urbaine. – Les emblèmes sont disposés selon l'ordre de préséance: le canton à dextre et la ville à sénestre, et orientés l'un vers l'autre.

je nach dem Zeitgeschmack dicke und schlanke, grimmige und gemütliche Bären abgewechselt. Als selbstverständlich gilt: der Bär muss männlich sein, und sein geöffneter Rachen mit der ausgeschlagenen Zunge muss die Wehrhaftigkeit betonen.

Bis 1648 war Bern – wie die andern eidgenössischen Stände – Glied des Deutschen Reiches. Auf offiziellen Wappen erscheint darum zum Berner Wappen auch noch das Wappen des Reiches, der schwarze Adler auf goldenem Schild, überhöht von der Reichskrone. Nach der Lösung vom Reich entfiel das Reichswappen; die Krone wird aber gelegentlich verwendet bis auf den heutigen Tag, nicht als monarchisches Symbol, sondern als Zeichen der Souveränität. In der amtlichen Blasonierung wird die Krone nicht er-

quelques libertés. Ainsi, selon le goût du jour, les ours replets succèdent aux ours faméliques, et les ours placides à des ours fort courroucés. Mais une constante s'est imposée: il faut que ce soit un ours mâle, et la langue qui jaillit de sa gueule béante doit souligner sa combativité.

Jusqu'à 1648 – à l'instar des autres cantons – Berne dépend de l'Empire germanique. C'est pourquoi les armoiries officielles associent l'ours à celles de l'Empire, l'aigle de sable sur champ d'or, surmontées de la couronne impériale. Lorsque Berne se détache de l'Empire, les emblèmes impériaux disparaissent, mais la couronne s'est maintenue, d'une manière discontinue, jusqu'à nos jours, non comme emblème monarchique, mais comme symbole de la souveraineté. Les blasonne-

wähnt; sie ist praktisch als Unterscheidungsmerkmal zu den Wappen des Amtes Bern (kein Beizeichen) und der Stadt Bern (mit Mauerkrone) zu betrachten.

Für die Drucksachen der kantonalen Verwaltung hat der Regierungsrat mit Beschluss vom 15. November 1973 eine vereinfachte Zeichnung des Staatswappens verbindlich erklärt.

Die Ämterwappen

Der altbernische Staat gewährte den lokalen Besonderheiten – auch den politischen – einen grossen Spielraum. Der Staat war ja in einem jahrhundertelangen Wachstum entstanden, wobei das heutige Staatsgebiet praktisch auf Grund von Verträgen, seien es käufliche Erwerbungen, Bündnisse oder Friedensschlüsse, bernisch wurde. Bei jeder Integration von neuem Gebiet, selbst wenn sie auf Eroberung beruhte, wurden die alten politischen Strukturen übernommen.

Zu den lokalen Besonderheiten gehörte auch die Wappentradition. Die Landstädte und die Landschaften führten eigene Banner, oft auch Siegel. Es wäre der Obrigkeit nicht eingefallen, hierin etwas zu verbieten – allenfalls konnte sie als Inhaberin der Landeshoheit ein Wappen «verbessern» (so wie es nach der schönen Überlieferung beim Thuner Stern erfolgt sein soll), oder aber auch ein Wappen verleihen (wie man es bei den Ämterwappen mit Bärentatzen oder dem halben Bären annehmen kann).

Es sind also viele alte Wappen von Städten, Landschaften und Vogteien überliefert. Viele davon dienen noch heute als Wappen des Amtsbezirks; es

ments officiels ne mentionnent pas la couronne. Elle ne sert plus pratiquement qu'à distinguer les armes du district (sans timbre) de celles de la ville, timbrées d'une couronne murale.

Par décision du 15 novembre 1973, le Conseil-exécutif a choisi une forme simplifiée de l'emblème de l'Etat et l'a rendue obligatoire pour tous les imprimés de l'administration cantonale.

Les Armoiries des districts

L'Etat de Berne de l'ancien régime faisait de larges concessions aux usages locaux. La croissance de l'Etat s'est étendue sur plusieurs siècles, et les territoires que possède actuellement le canton sont pratiquement devenus bernois à la suite d'acquisitions dûment monnayées, d'alliances ou de traités de paix. Lors de l'intégration de nouveaux territoires, même lorsqu'il s'agissait de conquêtes, on se contentait de maintenir les anciennes structures politiques.

La tradition héraldique comptait parmi les particularismes à respecter. Les cités et les régions avaient leur bannière et souvent même leur propre sceau. Les autorités ne se seraient pas permis de changer quoi que ce fût aux armoiries, si ce n'est peut-être – en tant que détentrices de la souveraineté – pour en rehausser l'éclat, ici ou là (comme ce fut le cas, nous dit la légende, pour l'étoile de Thoune) ou, éventuellement, pour octroyer des armes (comme on peut se l'imaginer en considérant les blasons des bailliages chargés d'une patte d'ours ou d'un ours issant).

Il y a donc bon nombre d'armes de villes, de régions, de bailliages qui

muss aber betont werden, dass nur ein Teil der heutigen Bezirke den ehemaligen Ämtern entspricht.

Die Wappen sind vielfach nicht in einer einzigen Form vorhanden. Gelegentlich herrschte Unklarheit über das ganze Wappenbild (wie z. B. beim Amt Courtelary) oder aber über Einzelheiten (wie die Anzahl der Strahlen beim Thuner Stern). Die Bereinigung der Ämterwappen erfolgte erst 1943/44.

nous sont fournies par la tradition. Nombre d'entre elles ont été relevées comme armoiries de district; mais il faut souligner ici que seul un petit nombre de circonscriptions actuelles correspondent aux bailliages d'autrefois.

Souvent les armoiries ne sont pas attestées sous une forme unique. Il peut arriver que tel ou tel blason soit sujet à caution, dans son ensemble (c'est le cas, entre autres, du district de Courtelary) ou simplement pour un détail (le nombre des rais de l'étoile de Thoune). La mise au net des armoiries de districts ne s'est effectuée que vers 1943 et 1944.

Die Gemeindewappen

Les Armoiries des communes

Die heutigen bernischen Einwohnergemeinden gibt es eigentlich erst seit 1833. Es gab und gibt noch eine grosse Menge anderer Gemeindeformen – auch hier bietet der alte Staat Bern alles andere als ein uniformes Bild.

Von vielen dieser Gemeinwesen sind uns Wappen überliefert. Bei Städten mit eigenem Banner und Siegel gehörte natürlich auch ein Wappen dazu. Ländliche Gemeinwesen wie das reichsfreie Land Hasli – es bildete eine einzige Talgemeinde – führten ihre Wappen mit besonderem Stolz. Aber auch kleinere Gemeinden hatten ihre Wappen; oft zog die Mannschaft einer Gemeinde unter einem eigenen wappengeschmückten Banner ins Feld. Andernorts versah man gemeindeeigene Utensilien mit Wappen. So sind auf Feuereimern neben Familienwappen auch recht häufig Gemeindewappen zu finden.

Viele der Gemeinden aber, die 1833 den Status einer Einwohnergemeinde

Les communes d'habitants bernoises telles que nous les connaissons aujourd'hui n'existent que depuis 1833. Il y a eu et il existe encore un grand nombre d'autres formes d'organisation communale. Et à ce sujet, l'Etat de Berne, sous l'ancien régime, est loin de nous offrir un tableau uniforme.

Certaines de ces anciennes «communes» nous ont laissé des armoiries. Les cités qui avaient une bannière et un sceau en propre possédaient aussi des armoiries. Certaines communautés rurales, telle la Terre libre d'Empire du Hasli – dont la commune unique s'étendait sur toute la vallée – portaient leurs armoiries avec une fierté non dissimulée. Mais d'autres communes, plus petites, portaient aussi des armoiries, et quand les hommes d'une commune partaient pour la guerre, c'était souvent sous une bannière qu'ils avaient eux-mêmes décorée d'armoiries. Ailleurs, c'est sur le matériel

erhielten, hatten kein Wappen. Sie gehörten vielleicht – wie die Gemeinden des ehemaligen Freigerichtes Steffisburg – zu einem grösseren Verband und hatten teil an dessen Wappentradition. In vielen Gemeinden gab es aber keine solche Überlieferung, und in den mit einfachsten Mitteln arbeitenden Gemeindeverwaltungen bestand oft auch kein Bedürfnis nach einem Wappen.

Das änderte zur Zeit der Jahrhundertwende. Ganz allgemein wuchs das Interesse an der Heraldik, gefördert wohl auch durch das blühende Vereinswesen – denn jeder Verein wollte wenn möglich ein Wappen auf der Fahne tragen. Da es aber noch keine verbindliche Beschreibung der Wappen gab, entstand ein buntes Durcheinander, in das dann nach und nach von den Kantonen Ordnung geschaffen wurde – vom Kanton Bern nicht als erstem.

Wichtige Vorstufen bildeten das Wappenwerk der Firma Hag in Meilen; die beiden Berner Künstler Ernst Linck (1874–1935) und Paul Boesch (1889–1969) waren daran massgebend beteiligt. Für die Landesausstellung 1939 in Zürich und für die Jubiläumsfeier von 1941 in Schwyz waren Fähnchen mit allen Gemeindewappen zu beschaffen; bei diesen Gelegenheiten wurde man sich bewusst, wie zweifelhaft viele der Wappen waren, und man entschloss sich, gründlich Ordnung zu machen.

appartenant à la commune qu'on apposait les armes de la localité; ainsi, sur les seaux d'incendie, à côté des armoiries de famille, on retrouve souvent des armoiries communales.

Mais de nombreuses communautés qui furent instituées en communes d'habitants en 1833 ne possédaient point d'armoiries. Certaines d'entre elles appartenaient peut-être – telles les communes de l'ancien territoire libre de Steffisbourg – à une association plus vaste, dont elles suivaient la tradition héraldique; mais dans de nombreuses autres communes, il n'y avait pas trace de semblable tradition, et les faibles moyens dont disposaient les administrations ne suscitaient pas grand besoin d'armoiries.

Cela changea au tournant du siècle. D'une manière générale, l'intérêt porté à la chose héraldique s'accrut, favorisé vraisemblablement par la vogue dont jouissaient les sociétés locales, car le moindre groupuscule se mit en devoir d'orner son drapeau d'armoiries. Comme il n'existait pas alors de blasonnement officiel et ayant force de loi, il en résulta un somptueux désordre, auquel les cantons s'efforcèrent de remédier. Le canton de Berne emboîta le pas, prudemment.

L'album consacré aux armoiries et publié par la maison Hag de Meilen constitue une des principales étapes préparatoires; les deux artistes bernois Ernest Linck (1874–1935) et Paul Boesch (1889–1969) ont largement contribué à son élaboration. Pour l'Exposition nationale de 1939, à Zurich, et pour les fêtes du Jubilé de 1941, à Schwytz, on a eu besoin de fanions représentant les armoiries de toutes les communes de la Suisse; on s'aperçut alors combien bon nombre d'entre

Die Bereinigung der öffentlichen Wappen (1943–1946)

Am 30. März 1943 setzte der Regierungsrat eine Kommission ein, die beratend und antragstellend die Wappenbereinigung vorzunehmen hatte. Artikel 2 und 3 des Regierungsratsbeschlusses lauten:

> «Über Inhalt und Darstellung der Wappen des Kantons und der Amtsbezirke beschliesst auf den Antrag der Kommission der Regierungsrat. Die von ihm genehmigten staatlichen Wappen werden in ein Verzeichnis der Staatswappen eingetragen.
>
> Die nach den Vorschlägen der Kommission bereinigten Gemeindewappen werden, sobald sie durch das zuständige Gemeindeorgan angenommen sind, vom Regierungsrat als die amtlichen Hoheitszeichen der betreffenden Gemeinden anerkannt und in ein staatliches Verzeichnis der Gemeindewappen eingetragen».

Die Kommission setzte sich wie folgt zusammen:

> Dr. Rudolf von Fischer, Staatsarchivar (Präsident)
> Dr. Gustave Amweg, Gymnasiallehrer († 1944)
> Paul Boesch (künstlerischer Berater)
> Max Egger, Kantonsbaumeister
> Dr. Jakob Otto Kehrli, Oberrichter
> Charles-Emile Mettler, Beamter und Heraldiker
> Christian Lerch, Archivar (Sekretär)

Es wurden zwei Subkommissionen gebildet, eine für den Jura, die andere für den alten Kantonsteil. Die jurassische Kommission wurde von Gustave Amweg geleitet und, nach dessen frühem Tod, von Charles-Emile Mettler. Weiteres Mitglied der jurassischen

elles étaient douteuses, et l'on se décida à établir systématiquement de l'ordre dans ce domaine.

Mise au point des armoiries publiques (1943–1946)

Le 30 mars 1943, le Conseil-exécutif constitua une commission qu'il chargea d'étudier la mise au point des armoiries. Voici les articles deux et trois de l'ordonnance du Conseil-exécutif:

> Sur proposition de la Commission, le Conseil-exécutif décide du contenu et de la forme des armoiries du canton et des districts. Les armoiries d'Etat, approuvées par ses soins, sont inscrites au registre des armoiries d'Etat.
>
> «Les armoiries communales qui ont été mises au point selon les propositions de la Commission et qui ont été approuvées par les organes compétents de la commune sont immédiatement reconnues par le Conseil-exécutif comme signe de souveraineté de la commune concernée, et inscrites au Registre officiel des armoiries des communes.»

La commission se composait des personnalités suivantes:

> M. le Dr Rudolf von Fischer, archiviste de l'Etat (président)
> M. le Dr Gustave Amweg, professeur († 1944)
> M. Paul Boesch, artiste-peintre
> M. Max Egger, architecte cantonal
> M. le Dr Jakob Otto Kehrli, juge d'appel
> M. Charles-Emile Mettler, fonctionnaire et héraldiste
> M. Christian Lerch, archiviste (secrétaire)

On créa deux sous-commissions, l'une pour le Jura, l'autre pour la par-

Kommission wurde Charles-Edouard Gogler. Diese Kommission arbeitete mit besonderem Eifer, wie denn überhaupt im Jura das Interesse an den Wappen gross war; den eigentlichen Anstoss zur ganzen Aktion hatte 1942 eine Eingabe der Société jurassienne d'Emulation gegeben. – Die von den Unterkommissionen bereinigten Vorschläge wurden dann dem Regierungsrat unterbreitet, der die Staatswappen verbindlich erklärte und die Gemeindewappen anerkannte.

Es war also nicht etwa der Staat, der den Gemeinden Wappen vorschrieb oder verlieh. Die Gemeinden bestimmten ihre Wappen selber. Wenn ein Wappen schon vorher unbestritten geführt worden war, so genügte es, dass der Gemeinderat die Beschreibung erstellte und der kantonalen Kommission zur Weiterleitung übergab. Andernorts, wenn Unsicherheit bestand, wenn es Varianten oder sogar gänzlich verschiedene Wappen gab, vor allem aber dort, wo überhaupt noch kein Wappen vorhanden war, wurde die Kommission beigezogen. Es gab oft ein langes Hin und Her, bis nicht nur die historisch und heraldisch richtige, sondern auch die allseits passende Form gefunden war. Die Beschreibung (die Blasonierung) war in sozusagen allen Fällen Sache der Kommission.

Aus den Akten ergibt sich, dass fast überall Übereinstimmung erzielt wurde. In einigen wenigen Fällen beugte sich die Wappenkommission – und mit ihr dann auch die Regierung – dem starren Willen einer Gemeindebehörde...

Das Werk war in weniger als drei Jahren getan. Es umfasste: ein Staatswappen, 30 Ämterwappen, 493 Gemeindewappen. Die Kommission war

tie de l'ancien canton. La commission jurassienne fut présidée par M. Gustave Amweg puis, après sa mort survenue trop tôt, par M. Charles-Emile Mettler. Elle s'assura la collaboration de M. Charles-Edouard Gogler. Cette commission travailla avec un acharnement qui reflétait bien l'intérêt que le Jura accordait aux questions héraldiques. C'était du reste une démarche de la Société jurassienne d'Emulation qui avait donné la première impulsion. Les propositions d'armoiries furent mises au point avec le concours de la sous-commission et soumises au Conseil-exécutif, qui sanctionna les armoiries de l'Etat et homologua les armoiries des communes.

Ce n'est donc pas l'Etat qui a octroyé ou imposé des armoiries aux communes; ce sont les communes qui les ont choisies de leur plein gré. Lorsque des armoiries étaient déjà portées depuis un certain temps sans avoir suscité de contestations, il suffisait que le Conseil communal les fasse blasonner et les transmette à la commission cantonale aux fins d'homologation. Si, au contraire, il y avait des doutes, des variantes, des versions tout à fait divergentes ou pas d'armoiries du tout, on faisait appel aux bons offices de la commission. Souvent, il a fallu de longues démarches, dans les deux sens, pour que fût admise par toutes les parties une forme d'armoiries justifiée par l'histoire et correcte sur le plan héraldique. On peut dire que dans presque tous les cas c'est la commission qui a procédé au blasonnement.

Les actes nous apprennent que l'entente s'est établie presque chaque fois. Dans quelques cas très rares, la commission et, partant, le gouvernement ont choisi de s'incliner devant le choix

mit Recht stolz auf ihre Arbeit. Es war geplant, das Resultat in Form eines bernischen Wappenbuches zu veröffentlichen. Der letzte Artikel des Regierungsratsbeschlusses vom 30. März 1943 lautete: (5) «Über die Herausgabe eines Wappenbuches wird der Regierungsrat nach Anhören der Kommission später beschliessen.»

Dieses «Später» ist nun nach bald 40 Jahren eingetreten. Man wird uns hoffentlich nicht der übertriebenen Eile zeihen.

péremptoire des responsables de telle ou telle commune...

L'opération fut menée à terme en moins de trois ans. Elle comprenait un emblème d'Etat, les armoiries de 30 districts et celles de 493 communes. La commission pouvait être fière du travail qu'elle avait accompli. Il fut question de publier le résultat des travaux sous la forme d'un armorial bernois. Le dernier article de l'arrêté du Conseil-exécutif du 30 mars 1943 stipulait: «Article cinq. Le Conseil-exécutif décidera plus tard de la publication d'un armorial, après avoir consulté la commission.»

Voici ce «plus tard» enfin arrivé ... au bout de 40 ans. On ne saurait nous reprocher d'avoir agi avec précipitation.

Die Verwendung der Wappen

Es kommt gelegentlich vor, dass eine Gemeindeschreiberei im Staatsarchiv anfragt, wie eigentlich das Wappen ihrer Gemeinde aussehe. Das ist der Beweis dafür, dass man das Wappen nicht «führt», will sagen: der seinerzeitige Beschluss der Gemeindeversammlung und die spätere Anerkennung durch den Regierungsrat verschwanden in einer Schublade. In der Regel aber führt man das Wappen:

- Man verwendet einen Gemeindestempel mit dem Wappen.
- Vielleicht hat man sogar für wichtige Dokumente einen Petschaft zum Siegeln angeschafft.
- Man hat eine Fahne mit dem Gemeindewappen anfertigen lassen.
- Die gemeindeeigenen Fahrzeuge weisen das Wappen auf.

Port des armoiries

Il arrive que le secrétariat d'une commune s'informe auprès des Archives de l'Etat de l'aspect précis de ses armoiries. Voilà bien la preuve qu'on ne porte pas les armoiries; c'est dire que la décision qu'a prise jadis l'assemblée communale et sa reconnaissance par le Conseil-exécutif sommeillent encore au fond d'on ne sait quel tiroir.

Mais en règle générale, on porte les armoiries.

- On se sert d'un timbre communal qui les fait voir.
- Peut-être utilise-t-on pour les documents plus importants un cachet à cire.
- On a fait tailler un drapeau aux armoiries de la commune.
- Les véhicules appartenant à la commune sont ornés d'armoiries.

- Man ziert das Gemeindehaus oder das Schulhaus mit dem Wappen.
- Man setzt das Wappen auf die Drucksachen der Gemeinde.
- Man schenkt verdienten Bürgern eine Scheibe oder eine Urkunde mit dem Wappen.

Es gibt also der Möglichkeiten und der Gelegenheiten viele. Aber man sollte auch beim Verwenden des Wappens die Regeln der Heraldik beachten; diese erstrecken sich nämlich nicht nur auf die Gestaltung eines Wappens, sondern auch auf seinen Gebrauch.

Es sollte zunächst ein Wappen nur vom Berechtigten geführt werden. Das Gemeindewappen sollte nur auf Gemeinde-Ebene verwendet werden, das Amtswappen nur für Angelegenheiten, die das Amt betreffen. Und so das Kantons- und das Bundeswappen. Es ist also nicht nötig, auf dem Briefkopf einer Gemeindeverwaltung neben dem Gemeindewappen auch noch das des Kantons abzubilden oder gar das eidgenössische Kreuz über beiden strahlen zu lassen! Etwas anderes ist es, wenn auf dem neuen Schulhaus neben das Gemeindewappen der Berner Wappenschild gesetzt wird: damit kommt zum Ausdruck, dass ein Schulhaus eigentlich ein Gemeinschaftswerk zwischen Staat und Gemeinde ist.

Es gibt also durchaus rechtmässige Kombinationen verschiedener Wappen. Hier aber muss nun die Rangfolge beachtet werden:

- Bei zwei Wappen steht das ranghöhere (heraldisch) rechts.
- Bei drei Wappen und mehr steht das ranghöchste in der Mitte, das zweithöchste (heraldisch) rechts, das dritte (heraldisch) links des ersten,

- On appose les armoiries sur la maison de commune ou sur la maison d'école.
- On fait figurer les armoiries à l'entête des imprimés de la commune.
- On offre un vitrail ou un diplôme armorié aux citoyens méritants.

Ce ne sont donc pas les occasions ni les prétextes qui font défaut. Toutefois, en utilisant les armoiries, il convient de respecter les règles héraldiques. Celles-ci ne régissent pas seulement l'élaboration du blason, mais aussi son usage.

Ainsi les armoiries ne devraient être portées que par ceux qui en ont le droit: les armoiries communales, pour les affaires qui sont de la compétence de la commune, les armoiries de district, pour celles qui touchent le district, et ainsi de suite pour le canton et pour la Confédération. Il n'est donc pas nécessaire de faire figurer à l'entête du papier communal les armoiries du canton à côté de celles de la commune ni même – comme cela se rencontre – de les immerger dans la lumière rayonnant d'une croix fédérale! Mais lorsque les armoiries du canton et de la commune figurent côte à côte sur la façade d'une école, cela signifie tout autre chose: la construction réalisée est le fruit de la coopération de l'Etat et de la commune.

Il existe donc des juxtapositions d'armoiries tout à fait légitimes. Il suffit de respecter les droits de préséance:

- S'il est question de deux emblèmes, celui qui a la préséance se place à dextre.
- S'il est question de trois emblèmes ou plus, celui qui a la préséance se met au milieu, le deuxième à dextre, le troisième à sénestre, et ainsi de

Rangfolge und Zuwendung bei zwei Wappen: Rechts das Wappen des Kantons, das dem Wappen der Gemeinde Lüscherz (links) zugewendet ist.	Ordre de préséance et orientation lorsqu'il y a deux emblèmes: à dextre, l'emblème du canton, qui est orienté vers l'emblème de la commune de Lüscherz (à sénestre).

Rangfolge und Zuwendung bei drei Wappen: In der Mitte das Wappen des Staates, rechts davon das Wappen des Amtes Trachselwald, wobei dieses dem Staatswappen zugewendet erscheint, indem der Stern vom rechten Obereck in das linke versetzt ist. Links das Wappen des dritten Ranges, das der Gemeinde Sumiswald.	Ordre de préséance et orientation lorsqu'il y a trois emblèmes: au centre, l'emblème de l'Etat; à dextre, l'emblème du district de Trachselwald, qui manifeste son orientation vers l'emblème de l'Etat du fait que l'étoile qui se trouve normalement à dextre, a été placée à sénestre. A sénestre, l'emblème de la tierce communauté: celui de la commune de Sumiswald.

das vierte wiederum (heraldisch) rechts anschliessend usw.

Es ist selbstverständlich, dass die Gemeinden untereinander ranggleich sind, ebenso die Ämter unter sich. Stellt man die Gemeindewappen eines

suite, pour les autres, par ordre décroissant de priorité, alternativement à dextre et à sénestre.

Il va de soi que les communes sont entre elles égales en dignité, de même les districts entre eux. Pour présenter

Amtsbezirks nebeneinander, so wählt man am besten die alphabetische Reihenfolge. Immerhin sei beachtet: auch im Wappenwesen hat – unter seinesgleichen – der Gast den Vorrang.

Bei Wappenkombinationen kann es nun vorkommen, dass Wappenfiguren ihre Richtung ändern müssen. Bei der häufigen Kombination Eidgenossenschaft/Kanton/Gemeinde steht das Berner Wappen rechts; der Bär sollte aber in der Richtung des Schweizer Wappens marschieren, also nach links.

les armoiries communales d'un même district, il est recommandé de suivre l'ordre alphabétique. Rappelons toutefois qu'en héraldique aussi, entre pairs, c'est à l'hôte que revient la place d'honneur.

Lors de juxtapositions d'armoiries, il peut arriver que les figures d'un écu doivent changer d'orientation. La juxtaposition la plus courante: Confédération – canton – commune, place l'emblème bernois à dextre; l'ours bernois doit alors marcher en direction de l'emblème fédéral, c'est-à-dire vers sénestre.

Vom Wappenrecht

Vieles von dem, was wir heute noch als Wappenbrauch üben, war früher streng gehandhabtes Recht. Wehe, wenn Wappen falsch dargestellt waren! Es ist aus alter Zeit eine ziemlich ernsthafte Affäre überliefert; sie entstand, weil in einem eidgenössischen Standeswappen eine bedeutsame Kleinigkeit fehlte...

Heute ist man in diesen Dingen grosszügig. Der Wappenkundige begegnet zwar auf Schritt und Tritt Verstössen gegen heraldische Regeln; es würde aber niemandem einfallen, sich deswegen aufzuregen oder gar ein «Wappenrecht» anzurufen. Das heutige Wappenrecht deckt sich nur noch zum Teil mit dem ursprünglichen. Was wir heute darunter verstehen, betrifft eigentlich den Schutz des Wappens gegen Missbrauch aller Art, auch gegen geschäftliche Ausbeutung.

Die Wappen des Staates, der Amtsbezirke und der Gemeinden geniessen einen gewissen rechtlichen Schutz schon aus der Tatsache heraus, dass sie

Du droit héraldique

Bon nombre de choses que nous considérons aujourd'hui comme de simples usages dans le port des armoiries étaient autrefois objet d'un droit dont l'administration était très stricte. Malheur à qui commettait la moindre erreur dans la représentation d'armoiries! Notre histoire nous rapporte une affaire assez pénible qui a éclaté parce qu'il manquait un tout petit détail à l'emblème de l'un des Etats membres de la Confédération...

Nous sommes devenus moins sourcilleux en la matière. Il est vrai que le connaisseur rencontre des incongruités héraldiques à tout bout de champ; mais nul ne s'aviserait de s'en formaliser ou même de faire appel à quelque droit héraldique. Le droit héraldique actuel ne correspond que partiellement à celui d'antan. Le terme s'applique aujourd'hui à la protection des armoiries contre les abus de toute espèce, en particulier contre leur exploitation commerciale illégale.

Les armoiries de l'Etat, des districts

- von einer zuständigen Behörde beschlossen sind und
- in genauer Beschreibung in einem kantonalen Wappenverzeichnis vorliegen.

Daraus ergibt sich, dass die Wappen nicht mehr willkürlich geändert werden können. Änderungen sind durchaus möglich; sie unterliegen aber einem bestimmten Verfahren mit den gleichen Instanzen wie bei der Revision von 1943–1946.

Es spricht übrigens für jene Bereinigung, dass seither von keiner Gemeinde eine Änderung vorgeschlagen oder vorgenommen wurde.

Ebenso wichtig ist, dass die amtlichen Wappen unter dem Schutz des Bundes stehen. Am 5. Juni 1931 wurde das «Bundesgesetz zum Schutz öffentlicher Wappen und anderer öffentlicher Zeichen» erlassen. Damit werden die öffentlichen Wappen vor allem gegen den geschäftlichen Missbrauch geschützt. Die Wappen der Schweiz und der Kantone werden übrigens im Artikel 270 des Schweizerischen Strafgesetzbuches erwähnt; es gibt also Verstösse gegen Hoheitszeichen, die strafrechtlich geahndet werden.

Alles in allem gesehen, gibt es sehr wenig gesetzliche Vorschriften. Das ist ganz recht so. Denn das Beste am Wappenwesen lässt sich nicht kodifizieren. Ein heutiges öffentliches Wappen ist ja auch nicht mehr die Verkörperung eines Rechts- oder Machtanspruchs; es ist vielmehr der Ausdruck für etwas, das wir nicht in Worte fassen können oder wollen: unsern Stolz auf die Heimat, unsere Liebe zur Heimat, unsere Verpflichtung für die Heimat.

et des communes jouissent d'une certaine protection juridique pour la simple raison qu'elles ont été choisies par une autorité compétente et qu'elles sont consignées, dûment blasonnées, sur un registre cantonal.

Il en résulte que les armoiries ne sauraient plus être modifiées arbitrairement. Les modifications d'armoiries ne sont pas exclues, mais elles sont soumises à une procédure semblable à celle des années 1943/1946. Du reste, on peut admettre que la mise au point de ces années-là s'est faite avec beaucoup de bonheur puisque jusqu'à ce jour aucune des communes n'a proposé ni effectué de modification nouvelle de ses armoiries.

Par ailleurs, et ce n'est pas sans importance, les armoiries publiques sont protégées par les lois fédérales. La loi fédérale pour la protection des armoiries publiques et d'autres signes publics a été promulguée le 5 juin 1931. Elle tend surtout à protéger les armoiries publiques contre les abus de caractère commercial. D'autre part, les armoiries de la Confédération et des cantons sont mentionnées à l'article 270 du Code pénal suisse; il est donc des délits envers les emblèmes de souveraineté qui peuvent être poursuivis pénalement.

En fait, il existe très peu de prescriptions légales et c'est bien, car on ne saurait légiférer en la matière la plus précieuse du blason. Chacun sait que les armoiries publiques de notre époque ne sont plus l'expression d'une revendication de droit ou de puissance; elles sont bien plutôt l'expression d'une chose qui ne se laisse pas formuler aisément: notre fierté patriotique, notre amour de la patrie et la conscience de ce que nous lui devons.

Praktische Hinweise

1.
Für den Inhalt dieses Buches ist verantwortlich das Staatsarchiv. Seine Adresse lautet:

Staatsarchiv des Kantons Bern
Falkenplatz 4
3012 Bern

In Wappenangelegenheiten schreibt man an das Archiv oder sucht es auf. Es ist zu den üblichen Bürozeiten zugänglich. Am Telefon können keine Wappenauskünfte erteilt werden.

2.
Im Staatsarchiv wird das amtliche Wappenregister geführt. Es enthält die Wappen des Kantons, der Amtsbezirke sowie der Einwohnergemeinden des Kantons Bern. Nicht registriert sind Wappen anderer gemeindeähnlicher Institutionen (Viertelsgemeinden, Bäuerten, Dörfer, Weiler, Kirchgemeinden, Gemeindeverbände usw.). Solche Wappen sind durchaus gestattet, doch haben sie nicht offiziellen Charakter.

3.
Registriert bedeutet: Der Wortlaut der Wappenbeschreibung ist zusammen mit der regierungsrätlichen Anerkennung im Staatsarchiv aufbewahrt. Das sieht beispielsweise so aus:

«Auszug aus dem Protokoll des Regierungsrates
9. April 1946.
2161. Bereinigung der Gemeindewappen.
Gestützt auf die Empfehlung der Wappenkommission vom 2. April 1946 wer-

Indications pratiques

1.
Les Archives de l'Etat de Berne sont responsables du contenu du présent ouvrage. Voici leur adresse:

Archives de l'Etat de Berne
Falkenplatz 4
3012 Berne

Si l'on a des questions héraldiques à formuler, on peut écrire aux Archives ou bien s'y rendre. Elles sont accessibles aux heures habituelles de bureau. Les Archives ne transmettent pas de renseignements héraldiques par téléphone.

2.
C'est aux Archives qu'est déposé et tenu le registre officiel des armoiries. Il contient les armoiries de l'Etat, des districts et des communes d'habitants du canton de Berne. Les armoiries d'autres institutions ou associations semblables aux communes bourgeoises, (quartiers, villages, hameaux, paroisses, associations communales, etc.) n'y sont pas enregistrées. De telles armoiries sont tout à fait légitimes, mais elles n'ont pas de caractère officiel.

3.
Enregistré signifie: Le blasonnement (le libellé de la description de tel emblème) est conservé aux Archives de l'Etat conjointement à la reconnaissance officielle du Conseil-exécutif; ce qui donne, à titre d'exemple, ceci:

«Extrait du Procès-verbal du Conseil-exécutif.
Séance du 20 décembre 1946.
7274. Enregistrement des armoiries communales.

den die folgenden durch die zuständigen Gemeindeorgane angenommenen Wappen der Gemeinden des Amtsbezirkes Büren anerkannt und zur Eintragung in das amtliche Register der Gemeindewappen zugelassen:
Arch: In Blau auf silbernen Wellen eine goldene Arche, darüber eine fliegende silberne Taube mit grünem Ölzweig.
...»

4.
Man beachte: Zu dieser Eintragung gehört keine Zeichnung! Im Register steht also nur die Beschreibung oder Blasonierung. Damit ist der praktischen Wappengestaltung eine gewisse Freiheit gewährt.

Es gibt also kein gezeichnetes oder gemaltes Wappen, das Anspruch auf alleinige Gültigkeit hat. Die Beschreibung (Blasonierung) ist fest; die Gestaltung ist veränderlich, aber nur innerhalb des Wortlautes der Beschreibung.

Das gilt auch für die Wappenbilder dieses Buches. Hier hat ein heutiger Künstler aus dem Empfinden unserer Zeit heraus die Blasonierungen in die sichtbare Gestalt umgesetzt. Es sind aber durchaus andere Lösungen denkbar.

5.
Die Wappenbeschreibung gibt unmissverständlich an:

a) die zeichnerische Gestaltung (die «Heroldsbilder» und die «gemeinen Figuren»);
b) die Farben («Tinkturen»).

«Heroldsbilder» sind die geometrischen Schildteilungen oder Musterungen; «gemeine Figuren» sind alle übrigen Motive aus der belebten und unbelebten Welt.

– Vu la recommandation de la Commission bernoise des armoiries du 16 décembre 1946, les armoiries suivantes, adoptées par les organes compétents des communes du district de Moutier, sont homologuées et seront inscrites au registre officiel des armoiries communales:
Loveresse: De gueules à la fasce d'argent chargée d'une rose du champ boutonnée d'or et barbée de sinople (...)»

4.
Remarque: L'inscription au registre ne comporte pas de dessin! Le registre ne contient que le blasonnement. C'est ce qui assure une certaine liberté dans la représentation pratique (graphique) des armoiries.

Il en résulte donc qu'il n'y a pas d'armoiries peintes ou dessinées qui aient une valeur d'étalon. Le blasonnement seul est fixé; l'exécution autorise des variantes, mais dans les seules limites du blasonnement.

Ce dernier principe s'applique également au présent ouvrage. Ici, c'est un artiste de notre temps qui s'est fondé sur la sensibilité et le goût de notre époque pour donner une forme concrète aux blasonnements. Mais d'autres solutions sont tout à fait concevables.

5.
Le blasonnement contient d'une manière indubitable et formelle:

a) l'aspect graphique (la partition, les pièces, les meubles)
b) les couleurs.

La partition et les pièces désignent les principales formes de découpage symétrique ou géométrique de l'écu. Les meubles désignent les êtres réels ou imaginaires reproduits sur l'écu.

Die heraldischen Farben sind:

Schwarz
Rot
Blau
Grün
(Purpur)

und die Metalle

Gold
Silber

Man verwende reine, kräftige Farben von einem mittleren Ton. Für «Gold» nehme man Gelb, für «Silber» Weiss. Naturfarben sind in Ausnahmefällen gestattet. Bei Schwarz-Weiss-Darstellungen von Wappen werden für die Farben graphische Symbole gesetzt:

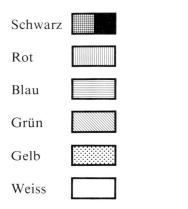

Es ist empfehlenswert, namentlich bei kleinen Formen (z. B. auf Briefköpfen) die Farbsymbole nicht zu verwenden, d.h. nur die Wappenzeichnung wiederzugeben. Schwarze Figuren werden in diesem Fall schwarz ausgefüllt.
Die Damaszierung, die Belebung einer Farbfläche durch ein graphisches Muster, kommt in der Heraldik vor. In

Les couleurs héraldiques sont:

émaux	sable	noir
	gueules	rouge
	azur	bleu
	sinople	vert
	(pourpre)	

| métaux | or | jaune |
| | argent | blanc |

Il faut utiliser des couleurs pures, voyantes. On met du jaune à la place de l'or et du blanc à la place de l'argent. Quand on reproduit les armoiries en noir et blanc, on se sert des structures graphiques suivantes:

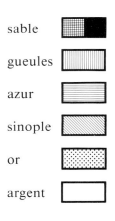

Dans les reproductions de dimensions réduites (pour les en-têtes de lettres, par exemple) il est recommandable d'omettre les structures graphiques servant à suggérer les couleurs et de se borner à reproduire le contour de la figure de l'écu. Dans ce cas, les parties noires sont exécutées en noir plein.
Le diapré est une invention héraldique destinée à rompre la monotonie des grandes surfaces en les ornant de motifs décoratifs géométriques ou de

Wappenbeschreibungen wird die Damaszierung nicht angegeben. Allerdings gibt es unter den bernischen Gemeindewappen eines, das sie, und gar noch in einer bestimmten Form, verlangt! Das Wappen von Wynigen hat folgende Blasonierung:

> «Schräglinks geteilt von Silber mit einer roten, goldbesamten Rose mit grünen Kelchzipfeln, und von Rot (damasziert mit Rechtecken, Quadraten und Rosen).»

Es ist natürlich ausgeschlossen, diese spezielle Damaszierung im kleinen Wappenformat dieses Buches wiederzugeben; sie ist hier als Skizze im grösseren Format dargestellt:

feuillage. Le diapré ne fait pas partie du blasonnement; cependant une des communes du canton a exigé que soit enregistré le diapré qu'elle avait retenu pour ses armoiries. Ainsi Wynigen porte:

> «Taillé d'argent à la rose de gueules, boutonnée d'or et barbée de sinople, et de gueules, (diapré de roses encadrées et disposées par paires en un cloisonnement rectangulaire).»

Il est impossible, bien entendu, de reproduire ce diapré spécial dans les dimensions exigées par le présent ouvrage; aussi nous voyons-nous contraints d'en présenter un fragment surdimensionné:

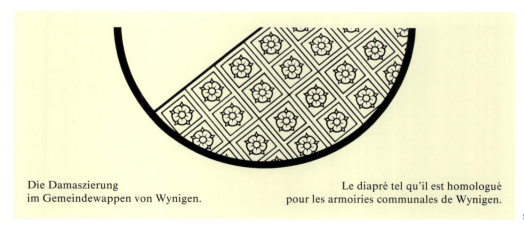

Die Damaszierung im Gemeindewappen von Wynigen.

Le diapré tel qu'il est homologué pour les armoiries communales de Wynigen.

8

Im übrigen empfehlen wir, die Frage der Damaszierung im Einzelfall dem Fachmann, dem Fahnenhersteller oder dem Glasmaler, zu überlassen.

Au demeurant, nous conseillons de s'en remettre au spécialiste, au peintre-verrier ou au couturier fabricant de drapeaux, pour régler toute question concernant le diapré.

6.
In der Heraldik gelten «rechts» und «links» vom Schildträger aus gesehen. In diesem Sinn sind die beiden Begriffe auch in diesem Buch, besonders in den Blasonierungen, zu verstehen.

6.
En héraldique, ce qui est à droite ou à gauche est toujours conçu en fonction et à partir de celui qui porte l'écu. Afin d'éviter les confusions, nous utilisons dans cette préface et dans les blason-

9 Das Kantonswappen des Polizeiautos ist nach links gewendet, d.h. nach vorwärts, was heraldisch einzig richtig ist.

L'emblème cantonal apposé sur la porte droite d'une voiture de police est orienté vers sénestre, c'est-à-dire en direction de l'avant, seule solution héraldique correcte.

«Rechts» ist gleichbedeutend wie «vorne». Figuren laufen grundsätzlich nach rechts; sie rücken vor. Wird ein Wappen auf einer Fahnenstange angebracht, so bezeichnet die Stange die Vorwärtsrichtung.

Wappenfiguren können in bestimmten Fällen die Richtung ändern, so z. B. auf der einen Seite eines Fahnentuches, auf der rechten Seite eines Fahrzeuges, ferner bei Zusammenstellungen mehrerer Wappen.

7.
Die Schildform ist einfach zu gestalten. Werden Wappen auf eine Fahne gesetzt, so ist das Wappenbild in das rechteckige oder quadratische Fahnentuch zu komponieren.

nements les termes de dextre et de sénestre, qui doivent nous rappeler que c'est la droite ou la gauche de celui qui porte l'écu qu'il faut entendre.

«Dextre» a, par conséquent, la même signification qu'«en avant». Les meubles qui ont un «visage» quelconque ou une orientation possible «regardent» en principe vers l'avant; ils progressent. Lorsqu'on appose un emblème sur un drapeau, c'est la hampe qui désigne le sens de la progression.

Les meubles d'un écu peuvent changer d'orientation: c'est le cas du revers de drapeau, de la portière droite d'un véhicule ou lorsqu'on juxtapose plusieurs armoiries.

Wappenbeigaben sind nicht angängig oder nicht nötig.

Fehl am Platz sind *Helm, Helmzier* und *Decke;* diese Stücke kommen den Privatwappen zu.

Unnötig sind Kränze um das Wappen (die Lorbeer- und Eichenkränze waren ursprünglich Symbole für errungene Siege!).

Bei besonders prachtvoller Ausführung eines öffentlichen Wappens können *Schildhalter* zum Wappen gestellt werden.

Gebräuchlich, aber keineswegs vorgeschrieben sind etwa Mauerkronen

7.
La forme de l'écu sera simple. Si l'on appose des armoiries sur un drapeau, il convient d'adapter le contenu des armoiries à la forme rectangulaire ou carrée de la pièce d'étoffe. Les ornements extérieurs de l'écu ne conviennent pas ou sont inutiles aux armoiries publiques. On omettra également les heaumes, cimiers et lambrequins, qui sont réservés aux armoiries privées.

Inutiles, les couronnes entourant les armoiries (les couronnes de laurier et de chêne symbolisaient, à l'origine, des victoires remportées!)

Der Graf von Aarberg – sein Wappen erscheint in der Fahne und auf dem Kleid – als Schildhalter der Stadt Aarberg.

Le comte d'Aarberg – son emblème est reproduit sur le drapeau et sur son vêtement – représenté comme tenant des armoiries de la ville d'Aarberg.

Die Königin Berta als Schildhalterin des Gemeindewappens von Kappelen. Die Königin soll in Werdt eine Kapelle gestiftet haben.

La reine Berthe, représentée comme tenant des armoiries communales de Kappelen. D'après la tradition, la reine aurait fondé une chapelle à Werdt.

auf Stadtwappen oder die Souveränitätskrone über dem Staatswappen.

8.
Wappen und Farben: Auf langen, zweizipfligen Fahnen, auf Wimpeln, Festabzeichen, Schärpen, Schleifen werden keine Wappen angebracht, sondern die Farben. Es ist unüblich – Ausnahmen bilden die Städte oder Landschaften mit eigener Wappentradition – dass Gemeinden Farben führen. Üblich sind die Farben der Eidgenossenschaft (Rot/Weiss) und des Kantons Bern (Rot/Schwarz).

Rot ist (sowohl bei den eidgenössischen wie bei den bernischen Farben) die Vorrangfarbe; sie steht rechts bzw. oben.

Si l'on tient à donner plus de majesté aux armoiries, on peut les faire porter par des «tenants» (êtres humains) ou des «supports» (animaux).

On a coutume de timbrer les armoiries d'une ville d'une couronne murale, et celles de l'Etat d'une couronne dite de souveraineté; mais ce n'est pas indispensable.

8.
Armoiries et couleurs: On n'appose pas d'armoiries sur les oriflammes, ni sur les banderoles, les insignes de fête, les écharpes ou les rubans; on n'y fait figurer que les couleurs. Habituellement, les communes (à l'exception de villes ou de régions disposant d'une longue tradition héraldique) ne portent pas de couleurs. Mais nous connaissons celles de la Confédération (rouge et blanc) et celles du canton (rouge et noir). Rouge est la couleur prioritaire (pour la Confédération comme pour le canton). On la place à dextre, ou bien en haut.

Die Wappen   Les Armoiries

Das Staatswappen

Les Armoiries de l'Etat

In Rot ein goldener Rechtsschrägbalken, belegt mit einem schreitenden schwarzen Bären mit roten Krallen.

Seit den Anfängen der Stadt Bern verwendetes, redendes Wappen.

De gueules à la bande d'or, chargée d'un ours passant de sable, lampassé et armé du premier.

Armoiries parlantes connues depuis les origines de la Ville de Berne.

STAAT BERN · ETAT DE BERNE

Die Wappen
der Amtsbezirke und
Gemeinden

Les Armoiries
des districts et des
communes

Amtsbezirk Aarberg

In Silber auf einem roten Dreiberg ein
auffliegender schwarzer Adler mit
goldenem Schnabel und goldenen Beinen.

Redendes Wappen: «Aar» als «Adler» gedeutet.
Seit dem 13. Jahrhundert bekannt.

AMTSBEZIRK AARBERG

1
AARBERG
In Silber auf einem roten Dreiberg ein auffliegender schwarzer Adler mit goldenem Schnabel und goldenen Beinen.

Redendes Wappen: «Aar» als «Adler» gedeutet. Seit dem 13. Jahrhundert bekannt.

2
BARGEN (BE)
In Rot ein steigender silberner Pegasus.

Die Herkunft des Wappens ist unbekannt; möglicherweise ist das Flügelpferd auf unserem Wappen aus einem andern geflügelten Fabeltier, dem Greif, entstanden. Seit etwa 1780 bekannt.

3
GROSSAFFOLTERN
In Gold ein grüner (heraldischer) Apfelbaum mit roten Früchten auf grünem Boden.

Redendes Wappen: Affoltern heisst: «bei den Apfelbäumen». In der heutigen Form seit 1944 im Gebrauch; das Motiv des Apfelbaumes ist schon zu Beginn des 20. Jahrhunderts bekannt.

4
KALLNACH
In Blau ein silberner Glockenklöppel («Kallen»), begleitet von zwei goldenen Sternen.

Redendes Wappen; Challe = Glockenklöppel. Schon 1681 nachweisbar.

5
KAPPELEN
In Blau eine silberne Kapelle mit rotem Dache.

Redendes Wappen; seit dem 18. Jahrhundert bekannt.

6
LYSS
In Blau auf einem grünen Dreiberg eine silberne Lilie mit goldener Spange.

Redendes Wappen: Fleur de lys = Lilie. Schon um 1780 im Gebrauch.

7
MEIKIRCH
In Blau eine silberne Kirche mit rotem Dache, im linken Obereck ein silberner Stern.

Redendes Wappen; um 1780 im Gebrauch.

8
NIEDERRIED BEI KALLNACH
In Silber über grünem Boden drei schwarze Baumstümpfe nebeneinander, oben mit roten Flammen besetzt.

Ried bedeutet u. a. gereutetes, also mit Feuer urbarisiertes Gelände. Seit etwa 1780 bekannt.

9
RADELFINGEN
In Silber ein rotes Rad.

Redendes Wappen; neuere Schöpfung.

1 Aarberg

2 Bargen (BE)

3 Grossaffoltern

4 Kallnach

5 Kappelen

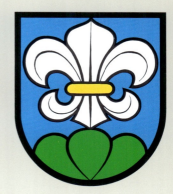
6 Lyss

7 Meikirch

8 Niederried bei Kallnach

9 Radelfingen

10
RAPPERSWIL (BE)
Geteilt von Silber mit einem schreitenden schwarzen Raben, und von Rot.

Redendes Wappen: Rapp = Rabe. Schon um 1780 bekannt.

11
SCHÜPFEN
In Rot drei silberne Flügel, die beiden obern einander zugewendet, der untere liegend.

Wappen der Herren von Schüpfen; erstmals 1255 nachgewiesen.

12
SEEDORF (BE)
Geteilt von Silber mit einem wachsenden schwarzen Bären, und von Blau.

Wappen des Geschlechtes von Seedorf, das im 13. Jahrhundert in Bern nachgewiesen ist. Als Gemeindewappen seit 1944 im Gebrauch.

10 Rapperswil (BE)

11 Schüpfen

12 Seedorf (BE)

Amtsbezirk Aarwangen

Gespalten von Silber mit schwarzem Querbalken und von Schwarz.

Das Wappen der Herren von Aarwangen mit vertauschten Hälften wurde schon für die altbernische Vogtei Aarwangen verwendet.

AMTSBEZIRK AARWANGEN

1
AARWANGEN
Gespalten von Schwarz und von Silber mit schwarzem Querbalken.

Wappen der Herren von Aarwangen; seit dem 13. Jahrhundert bekannt.

2
AUSWIL
In Silber ein halber schwarzer Bär, in rotem Schildhaupt fünf (3, 2) silberne Sterne.

Der Bär weist auf das Kloster St. Gallen hin, das schon um das Jahr 800 in der Gegend Grundbesitz hatte. Die fünf Sterne symbolisieren die Örtlichkeiten Aerbolligen, Oberauswil, Niederauswil, Betzlisberg und Hermandingen. – Neuschöpfung 1927.

3
BANNWIL
In Rot ein grünes Kleeblatt, überhöht von einem fünfstrahligen goldenen Stern.

Das Kleeblatt weist auf die Landwirtschaft hin. Die Herkunft des Wappens ist unbekannt, nachgewiesen ist es seit 1728.

4
BLEIENBACH
Gespalten von Schwarz mit einem eingebogenen, zugewendeten silbernen Fisch über einem grünen Kleeblatt, und von Silber mit einem schwarzen Balken.

Der Schild betont die Zugehörigkeit zu Aarwangen: Fisch und Kleeblatt stehen für Wiesen und Bach. – Seit 1728 bekannt.

5
BUSSWIL BEI MELCHNAU
In Silber auf einem grünen Hügel eine grüne Tanne.

Das Wappen weist auf das Landschaftsbild hin: Hügel und Wald. – Bekannt seit 1836.

6
GONDISWIL
In Blau auf einem grünen Dreiberg ein grünes Kleeblatt, begleitet von zwei fünfstrahligen silbernen Sternen.

Dreiberg und Kleeblatt weisen hin auf Bodengestalt und Fruchtbarkeit. Das Wappen ist 1836 nachgewiesen; die heutige Form erhielt es 1921 und 1945.

7
GUTENBURG
In Silber ein silbern gemauerter schwarzer Zinnenturm auf drei erniedrigten blauen Wellenleisten.

Die Wellen erinnern an die Heilquelle; der Turm (= Burg) ist redend. Neuschöpfung 1945.

8
KLEINDIETWIL
In Rot auf einem grünen Dreiberg ein liegender goldener Halbmond, überhöht von zwei silbernen Sternen.

Keine Deutung bekannt. Nachgewiesen seit 1828.

9
LANGENTHAL
In Gold drei blaue Rechtsschrägwellenbalken (Bäche).

Das alte Wappen, wohl schon vor 1700 bekannt, wird in neuerer Zeit wie folgt gedeutet: Drei Wasserläufe im kornreichen Land.

Amtsbezirk Aarwangen

1 Aarwangen

2 Auswil

3 Bannwil

4 Bleienbach

5 Busswil bei Melchnau

6 Gondiswil

7 Gutenburg

8 Kleindietwil

9 Langenthal

10
LEIMISWIL
Gespalten von Silber mit einem zugewendeten schwarzen Bären, und von Schwarz mit einem silbernen Balken.

Der Bär weist auf das Kloster St. Gallen hin; der Schild erinnert in Farbe und Einteilung an das Amtswappen. Neues Wappen von 1927.

11
LOTZWIL
In Silber ein blauer Löwe.

Wappen eines nicht eindeutig feststellbaren freiherrlichen Geschlechts «von Lotzwil»; als Gemeindewappen erst in diesem Jahrhundert eingeführt.

12
MADISWIL
In Grün ein weissgekleideter Linksmäher mit weissem Hut und einer silbernen Sense an goldenem Worb.

Das Wappen nimmt Bezug auf die Geschichte vom Linksmäher von Madiswil. Als Wappenbild schon vor 1700 erwähnt.

13
MELCHNAU
In Silber ein schwebender, unten eingebogener grüner Sechsberg.

Wappen der Freiherren von Grünenberg, denen Melchnau im Mittelalter gehörte. Als Melchnauer Wappen 1620 nachgewiesen.

14
OBERSTECKHOLZ
In Silber auf rotem Hügel eine grüne Tanne mit rotem Stamm und roten Früchten.

Redendes Wappen mit «Holz» im Sinn von «Wald». Als Motiv schon im 19. Jahrhundert verwendet, in der heutigen Form seit 1945.

15
OESCHENBACH
In Rot ein erniedrigter silberner Wellenbalken, überdeckt von einer ausgerissenen silbernen Esche.

Redendes Wappen mit Bach und Esche, neu geschaffen 1945.

16
REISISWIL
In Silber auf einem grünen Dreiberg eine schwarze Fackel mit roter Flamme.

Die brennende Fackel weist auf das Alarmfeuer – den Chutzen – auf der Hohwacht hin. Das Wappen wurde 1923 geschaffen, 1945 definitiv angenommen.

17
ROGGWIL (BE)
In Rot ein grüner Lindenblätterkranz, besteckt mit drei goldenen Roggenähren.

Der Lindenblätterkranz ist dem Wappen einer adeligen Familie «von Roggwil» entnommen; die Roggenähren sind redend. Als Ortswappen schon 1777 verwendet; die heutige Form stammt aus dem Jahre 1945.

18
ROHRBACH
In Rot auf einem grünen Sechsberg ein goldener Stern.

Der Sechsberg weist auf das Wappen der Freiherren von Grünenberg hin. Als Ortswappen von Rohrbach schon 1594 bekannt; der Stern allerdings ist eine neuere Beigabe.

Amtsbezirk Aarwangen

10 Leimiswil

11 Lotzwil

12 Madiswil

13 Melchnau

14 Obersteckholz

15 Oeschenbach

16 Reisiswil

17 Roggwil (BE)

18 Rohrbach

19
ROHRBACHGRABEN
Gespalten von Silber mit einem zugewendeten schwarzen Bären, und von Grün mit einem silbernen Wellenbalken.

Der Bär erinnert an das Kloster St. Gallen, das hier Rechte besass. Die linke Schildhälfte symbolisiert Bach und Graben. Das Wappen entstand 1924.

20
RÜTSCHELEN
Geteilt von Silber mit einem wachsenden schwarzen Bären, und von Rot.

Nach dem Wappen des Rudolf von Rütschelen 1346. Als Gemeindewappen seit Anfang des 20. Jahrhunderts nachweisbar.

21
SCHWARZHÄUSERN
In Gold auf grünem Boden zwei einander zugekehrte schwarze Häuser, überhöht von einem blauen Stern.

Redendes Wappen. Erstmals auf einem Feuereimer von 1798. Die heutige Form entstand 1945.

22
THUNSTETTEN
In Rot ein durchgehendes silbernes Hochkreuz.

Anlehnung an das Wappen des Johanniterordens, dem Thunstetten einst gehörte. Als Gemeindewappen seit dem 19. Jahrhundert gebräuchlich.

23
UNTERSTECKHOLZ
In Gold eine ausgerissene grüne Tanne mit rotem Stamm.

Die Tanne spielt auf Holz = Wald an. Als Gemeindewappen bekannt seit etwa 1930.

24
URSENBACH
In Rot über einem grünen Dreiberg ein silberner Rechtsschrägwellenbalken.

Redendes Wappen. Nach älteren Motiven seit 1915 in der heutigen Form gebräuchlich.

25
WYNAU
In Silber eine blaue Traube an grünem Stiel mit zwei Blättern und einer Ranke.

Redendes Wappen. Das Motiv tritt schon um 1700 auf; in der heutigen Form wurde das Wappen 1945 festgelegt.

Amtsbezirk Aarwangen

19 ROHRBACHGRABEN

20 RÜTSCHELEN

21 SCHWARZHÄUSERN

22 THUNSTETTEN

23 UNTERSTECKHOLZ

24 URSENBACH

25 WYNAU

Amtsbezirk Bern

In Rot ein goldener Rechtsschrägbalken, belegt mit einem schreitenden schwarzen Bären mit roten Krallen.

Seit den Anfängen der Stadt Bern verwendetes, redendes Wappen.

AMTSBEZIRK BERN

1
BERN
In Rot ein goldener Rechtsschrägbalken, belegt mit einem schreitenden schwarzen Bären mit roten Krallen.

Seit den Anfängen der Stadt Bern verwendetes, redendes Wappen.

2
BOLLIGEN
In Rot zwei geflochtene silberne Gegensparren.

Wappen der Herren von Bolligen; als Gemeindewappen angenommen 1945.*

3
BREMGARTEN
Geteilt, oben fünfmal gespalten von Silber und Schwarz, unten fünfmal geteilt von Silber und Schwarz.

Wappen der Herren von Bremgarten; als Gemeindewappen verwendet seit etwa 1920.

4
KIRCHLINDACH
In Silber ein roter Querbalken, begleitet von drei (2, 1) grünen Lindenblättern.

Anlehnung an das Familienwappen der Hetzel von Lindach; in der heutigen Form schon um 1780 verwendet.

5
KÖNIZ
In Silber ein durchgehendes schwarzes Kreuz.

Wappen des Deutschen Ordens, dem von 1226 bis 1729 Dorf und Schloss Köniz gehörten. Ortswappen seit dem 19. Jahrhundert.

6
MURI
Gespalten von Schwarz und Silber, überdeckt von einem Zinnenbalken in gewechselten Farben.

Redendes Wappen; in der jetzigen Form schon um 1780 bekannt.

7
OBERBALM
Geteilt von Grün und Silber, überdeckt von einem fünfblättrigen Stechpalmenzweig in gewechselten Farben.

Redendes Wappen (Balm als Stech-Palme gedeutet). Schon seit zwei Jahrhunderten gebräuchlich.

8
STETTLEN
In Gold eine rote Pflugschar.

Die Pflugschar erinnert an den einst vorherrschenden Ackerbau. In der jetzigen Form wurde das Wappen schon 1730 auf einer Scheibe in der Kirche angebracht.

9
VECHIGEN
In Rot ein silberner Flügel.

Redendes Wappen; der Name Vechigen wurde mit dem berndeutschen Wort für Flügel – Fäcke – in Zusammenhang gebracht. Seit Anfang dieses Jahrhunderts in Gebrauch.

*Siehe Nummern 2 A–C, Seite 66

Amtsbezirk Bern

1 Bern

2 Bolligen

3 Bremgarten

4 Kirchlindach

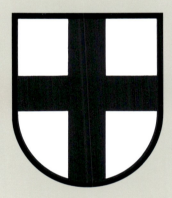
5 Köniz

6 Muri

7 Oberbalm

8 Stettlen

9 Vechigen

Amtsbezirk Bern

Im Hinblick auf die Verselbständigung der Viertelsgemeinden der Einwohnergemeinde Bolligen folgen hier noch die Wappen der drei heutigen Viertelsgemeinden:

10
WOHLEN
In Blau eine goldene eingebogene Spitze, belegt mit einem blauen W, begleitet von einer goldenen Sonne und einem goldenen gesichteten Halbmond.

Eine Deutung – ausser der Initiale W des Namens Wohlen – ist nicht bekannt. Das Wappen ist seit etwa 100 Jahren im Gebrauch.

11
ZOLLIKOFEN
Geteilt; oben in Silber die beiden Löwen der Berner Zünfte Mittellöwen und Obergerwern, zugewendet, je ein blaues Gerbermesser mit den Vorderpranken haltend; unten in Rot ein silberner, mit neun (3, 3, 3) grünen Buchsblättern belegter Rechtsschrägbalken.

Das heutige Gemeindewappen ist 1910/11 von Rudolf Münger geschaffen worden in Anlehnung an das Wappen des ehemaligen Landgerichts Zollikofen; die beiden Löwen stammen aus den Wappen der Berner Zünfte zu Mittellöwen und Ober-Gerwern, denen das Venneramt im Landgericht zustand.

2A
BOLLIGEN
In Rot zwei geflochtene silberne Gegensparren.

Wappen der Herren von Bolligen.

2B
ITTIGEN
Geviert von Rot und Gold, belegt (in 2) mit einer schwarzen, rotbrennenden Granate und (in 3) mit einem schwarzen Mühlrad.

Das 1965 geschaffene Wappen in den Bernerfarben weist auf die früher an der Worblen betriebenen Pulverstampfen und Papiermühlen hin.

2C
OSTERMUNDIGEN
In Rot ein silbernes Gerbermesser mit goldenen Griffen, schräg rechts gestellt, begleitet von zwei goldenen Sternen.

Seit langem in Gebrauch, 1957 neu gestaltet, in Anlehnung an das überlieferte Wappen einer Familie «von Ostermundigen».

10 Wohlen

11 Zollikofen

2a Bolligen

2b Ittigen

2c Ostermundigen

Amtsbezirk Biel

District de Bienne

In Rot zwei gekreuzte silberne Beile mit goldenen Schneiden und goldenen Halmen.

Redendes Wappen; das Amt Biel wurde 1832 geschaffen und trägt das Wappen der Stadt Biel.

De gueules à deux haches d'argent emmanchées et affûtées d'or, passées en sautoir.

Armoiries parlantes; le district de Bienne a été créé en 1832 et il porte les armes de la ville de Bienne

AMTSBEZIRK BIEL · DISTRICT DE BIENNE

1

BIEL

In Rot zwei gekreuzte silberne Beile.

Redendes Wappen; von der Stadt Biel schon 1260 verwendet.

2

LEUBRINGEN

In Gold ein schwarzer Ochsenkopf von vorn.

Das Wappen wurde 1930 von Maler Philippe Robert geschaffen, möglicherweise auf Grund einer lokalen Tradition. Schon damals wurde das Wappen mit der Devise erklärt: Fort comme un bœuf, précieux comme l'or.

1

BIENNE

De gueules aux deux haches d'argent passées en sautoir.

Armoiries parlantes; portées par la ville dès 1260.

2

EVILARD

D'or à une rencontre de bœuf de sable.

Ces armes ont été créées en 1930 par le peintre Philippe Robert, qui s'est fondé vraisemblablement sur une tradition locale. A l'époque déjà, on commentait l'emblème en lui appliquant la devise: Fort comme un bœuf, précieux comme l'or.

1 Biel · Bienne

2 Evilard · Leubringen

Amtsbezirk Büren

In Rot vom linken Schildrand eine silberne Bärentatze.

Man vermutet, dass Bern dem Amte Büren nach der Eroberung (1388) das Wappen verliehen hat.

AMTSBEZIRK BÜREN

1
ARCH
In Blau auf silbernen Wellen eine goldene Arche, darüber eine fliegende silberne Taube mit grünem Ölzweig.

Redendes Wappen. Das Motiv erscheint um 1900; die heutige Fassung stammt aus dem Jahre 1946.

2
BÜETIGEN
In Rot vom linken Schildrand eine silberne Bärentatze, rechts oben ein silberner Stern.

Die Bärentatze weist auf das Amt Büren hin; der Stern auf das ehemalige Amt Frienisberg, dem früher die niedere Gerichtsbarkeit von Büetigen gehörte. Das Wappen wurde 1928 geschaffen.

3
BÜREN AN DER AARE
In Rot vom linken Schildrand eine silberne Bärentatze.

Kurz nach 1500 hat offenbar die Stadt Büren das schon vorher für das Amt gebräuchliche Wappen übernommen.

4
BUSSWIL BEI BÜREN
In Blau ein nach rechts gewendeter silberner Halbmond.

Bedeutung und Herkunft sind unbekannt. Das Wappen ist schon seit 200 Jahren im Gebrauch.

5
DIESSBACH BEI BÜREN
In Rot ein silberner Rechtsschrägbalken.

Redendes Wappen; ein Bach wird mit einem Wellenbalken dargestellt. Das Wappen wurde vermutlich schon um 1800 verwendet.

6
DOTZIGEN
Rot mit silbernem Schildhaupt, belegt mit einem roten Stern.

Die Herkunft ist unbekannt; auch eine Deutung fehlt. Nachgewiesen schon um 1780.

7
LENGNAU (BE)
In Silber auf einem grünen Dreiberg eine grüne Tanne mit rotem Stamm.

Eine Lengnauer Tradition deutet die Tanne als Freiheitsbaum. Das Wappen erscheint um 1900 zum erstenmal.

8
LEUZIGEN
In Blau zwei zugewendete goldene Löwen.

Die Herkunft ist nicht bekannt; die erste Verwendung des Wappens ist 1833 bezeugt.

9
MEIENRIED
Grün mit silbernem Schildhaupt, belegt mit einer goldbesamten roten Rose mit grünen Kelchzipfeln.

Redendes Wappen: die Rose steht für einen «Meien», d.h. Blumenstrauss; die grüne Farbe deutet auf das Ried hin. Das Wappen wurde 1933 geschaffen.

Amtsbezirk Büren

1 Arch

2 Büetigen

3 Büren an der Aare

4 Busswil bei Büren

5 Diessbach bei Büren

6 Dotzigen

7 Lengnau (BE)

8 Leuzigen

9 Meienried

10
MEINISBERG
In Silber auf grünem Dreiberg ein
vierblättriger grüner Rebstock mit zwei
blauen Trauben an einem roten Stickel.

Das Wappen weist hin auf den früher wichtigen
Weinbau. Es soll vor ungefähr 100 Jahren
entstanden sein.

11
OBERWIL BEI BÜREN
In Blau eine goldene Egge mit silbernem
Ring.

Die Egge versinnbildlicht den Ackerbau. Das
Wappen erscheint vor 1624; es ist eines der
ältesten nachweisbaren Wappen einer
bernischen Landgemeinde.

12
PIETERLEN
In Gold ein roter Löwe, überdeckt von
einem blauen Querbalken.

Wappen der Freiherren von Pieterlen; als
Gemeindewappen seit 1907 verwendet.

13
RÜTI BEI BÜREN
In Rot zwei gekreuzte silberne Reuthauen
mit goldenen Stielen, begleitet von zwei
fünfstrahligen silbernen Sternen.

Redendes Wappen. Die ältesten Darstellungen
finden sich auf Abendmahlskelchen von 1711
und 1718.

14
WENGI
In Silber drei goldbesamte rote Rosen mit
grünen Kelchzipfeln pfahlweis
übereinander.

Anlehnung an das Wappen der Solothurner
Familie Wengi, die aus dem bernischen Wengi
stammte. Als Gemeindewappen seit 200 Jahren
bezeugt.

10 Meinisberg 11 Oberwil bei Büren 12 Pieterlen

13 Rüti bei Büren 14 Wengi

Amtsbezirk Burgdorf

Gespalten von Schwarz und Silber mit goldenem Schildrand.

Der Amtsbezirk führt das Wappen der Stadt Burgdorf.

AMTSBEZIRK BURGDORF

1
AEFLIGEN
In Gold drei blaue Schilde (2, 1).

Eine Deutung ist nicht bekannt. Zum erstenmal ist das Wappen um 1780 dargestellt worden.

2
ALCHENSTORF
In Silber auf rotem Dreiberg eine blaue Pflugschar.

Mit der Pflugschar wird auf den Ackerbau hingewiesen. Die ältesten Darstellungen sollen sich auf Feuereimern finden; als Gemeindewappen seit 1944 verwendet.

3
BÄRISWIL
In Silber drei rote Pfähle, belegt mit einem aufrechten schwarzen Bären.

Redendes Wappen; geschaffen wurde es 1926.

4
BURGDORF
Gespalten von Schwarz und Silber mit goldenem Schildrand.

Vermutet wird die Wappenverleihung durch die Grafen von Kiburg, also lange vor 1384. In der heutigen Form mit goldenem Schildrand begegnet uns das Wappen kurz nach 1500.

5
ERSIGEN
In Gold zwei rote Rechtsschrägbalken.

Entspricht dem Wappen der Herren von Ersigen, das schon im 14. Jahrhundert bezeugt ist. Als Ortswappen seit etwa 200 Jahren verwendet.

6
HASLE BEI BURGDORF
Gespalten von Schwarz und Silber mit vier kreuzförmig angeordneten Haselblättern in gewechselten Farben.

Redendes Wappen. Die Farben erinnern an die Zugehörigkeit zum Amt Burgdorf, die vier Blätter an die Zahl der Gemeindebezirke. Heutige Form seit 1913.

7
HEIMISWIL
In Gold auf grünem Dreiberg eine grüne Eibe mit roten Beeren.

Das Wappen zeigt das Wahrzeichen von Heimiswil, die Eibe auf dem Gerstler. Gemeindewappen seit 1905.

8
HELLSAU
In Grün ein goldener Rechtsschräg-Wellenbalken, in silbernem Schildhaupt drei rote Pfähle.

Das obere Feld zeigt die Farben der Kirchgemeinde Koppigen, das untere Feld ist redend gemeint: «helle Au». Entstanden 1929.

9
HINDELBANK
In Blau auf goldenem Boden eine silberne Hindin (horchende Hirschkuh).

Redendes Wappen entsprechend der Deutung des Namens Hindelbank als «Gelände der Hindin». Von der Gemeinde 1910 angenommen.

Amtsbezirk Burgdorf

1 Aefligen

2 Alchenstorf

3 Bäriswil

4 Burgdorf

5 Ersigen

6 Hasle bei Burgdorf

7 Heimiswil

8 Hellsau

9 Hindelbank

10
HÖCHSTETTEN
In Silber ein roter Schildhauptpfahl, das Haupt belegt mit einem goldenen Stern.

Eine Erklärung ist nicht bekannt. Geschaffen wurde das Wappen um 1929.

11
KERNENRIED
In Rot ein silberner Rechtsschrägbalken, begleitet von einem silbernen Stern.

Wappen der Herren von Kerrenried; als Ortswappen seit gut 200 Jahren bekannt.

12
KIRCHBERG (BE)
In Blau auf grünem Dreiberg eine silberne Kirche mit rotem Dach.

Redendes Wappen. Zum erstenmal begegnet es uns auf Abendmahlskannen von 1667.

13
KOPPIGEN
In Rot ein schreitender silberner Hahn.

Das Wappen der Ritter von Koppigen; als Ortswappen schon um 1730 bekannt.

14
KRAUCHTHAL
In Silber ein roter Rechtsschrägbalken, begleitet von zwei roten, goldbesamten Rosen mit grünen Kelchzipfeln.

Wappen des Geschlechtes «von Krauchthal»; als Ortswappen um 1780 nachweisbar.

15
LYSSACH
In Schwarz zwei silberne Lilien (2).

Redendes Wappen: Lilie = fleur de lys. Die Farben sind die des Amtes Burgdorf; die Zweizahl der Figuren weist auf die zwei Gemeindeteile hin. Das Wappen entstand 1922.

16
MÖTSCHWIL
In Rot eine silberne Sichel mit goldenem Griff, umgeben von einem runden, mit blauen Kornblumen belegten goldenen Ährenkranz.

Das Wappen versinnbildlicht den blühenden Ackerbau. Es wurde 1929 geschaffen.

17
NIEDERÖSCH
In Blau auf grünem Dreiberg eine goldene (heraldische) Esche.

Redendes Wappen. Geschaffen wurde es um 1929.

18
OBERBURG
In Schwarz auf grünem Dreiberg eine silberne Burg mit einem Zinnenturm, einem rot gedeckten Turm und zwei roten Hausdächern.

Redendes Wappen. Das Motiv erscheint schon auf einer Gerichtsscheibe von 1591.

Amtsbezirk Burgdorf

10 Höchstetten   11 Kernenried   12 Kirchberg (BE)

13 Koppigen   14 Krauchthal   15 Lyssach

16 Mötschwil   17 Niederösch   18 Oberburg

Amtsbezirk Burgdorf

19
OBERÖSCH
In Rot auf goldenem, gewelltem Boden eine goldene (heraldische) Esche.

Redendes Wappen. Geschaffen wurde es um 1929.

20
RÜDTLIGEN-ALCHENFLÜH
Geteilt von Gold mit einem stehenden roten Rüden, und von Rot mit einem goldenen Stern und zwei goldenen Hirschstangen auf einem grünen Dreiberg.

Redend ist der Rüde; möglicherweise sind auch die Hirschstangen redend gemeint – als Elchstangen. Das Wappen entstand kurz vor 1930.

21
RUMENDINGEN
Schrägrechts geteilt von Rot und Silber mit zwei pfahlweis gestellten Kleeblättern in gewechselten Farben.

Das altüberlieferte Wappen mag auf die kleereichen Matten hinweisen.

22
RÜTI BEI LYSSACH
Gespalten von Schwarz und von Silber mit grünem Palmzweig.

Der schwarz-weisse Schild erinnert an das Amt Burgdorf, der Palmzweig an das Stiftamt Bern, dem die Kirche von Rüti seinerzeit unterstellt war. Das Wappen wurde 1923 geschaffen.

23
WILLADINGEN
In Silber ein schwarzer Stier mit goldenen Hörnern und Klauen.

Nach dem Wappen der Berner Familie Willading, die ursprünglich aus Willadingen stammte. Gemeindewappen seit 1944.

24
WYNIGEN
Schräglinks geteilt von Silber mit einer roten, goldbesamten Rose mit grünen Kelchzipfeln, und von Rot (damasziert mit Rechtecken, Quadraten und Rosen).

Abgeleitet vom Wappen der Herren von Wynigen. In der jetzigen Form – mit der vorgeschriebenen Damaszierung – 1927 geschaffen. (Zur Damaszierung siehe S. 39.)

Amtsbezirk Burgdorf

19 Oberösch

20 Rüdtligen-Alchenflüh

21 Rumendingen

22 Rüti bei Lyssach

23 Willadingen

24 Wynigen

District de Courtelary

De gueules à la bande d'argent chargée de trois feuilles de tilleul de sinople.

Les armoiries du district, créées au XIXe siècle, relèvent les armoiries des nobles de Courtelary dans une version modifiée: feuilles de tilleul de sinople au lieu de gueules.

District de Courtelary

1
CORGÉMONT
De gueules au guidon d'argent attaché du second.

La commune de Corgémont a relevé les armoiries de la famille noble du lieu, en les brisant d'une cravate d'argent.

2
CORMORET
D'or à deux pals d'azur à la bande d'argent brochant chargée de trois étoiles de gueules.

Armoiries modernes, inspirées de celles du val d'Erguel. Elles ont été établies dans la version actuelle vers 1940.

3
CORTÉBERT
D'argent à la bande ondée d'azur chargée d'une truite du premier.

Ces armoiries sont une allusion à la Suze, rivière poissonneuse qui arrose le village.

4
COURTELARY
De gueules à la bande d'argent chargée de trois feuilles de tilleul du premier posées dans le sens de la bande.

La commune a relevé les armoiries des nobles de Courtelary, connues déjà au XVe siècle.

5
LA FERRIÈRE
D'azur à la tour d'argent maçonnée de sable, ouverte et ajourée de gueules, accostée de quatre feuilles de tilleul d'argent, au chef ondé d'or au soleil issant de gueules.

Ces armoiries ont été composées et adoptées en 1913. On les explique comme suit: la tour est celle de l'Erguel qui appartenait à l'hospice de La Ferrière; les feuilles de tilleul sont une allusion aux arbres qu'auraient plantés le naturaliste Gagnebin et Jean-Jacques Rousseau; l'ondé en chef rappelle les montagnes d'Erguel, et le soleil, les magnificences du pays.

6
LA HEUTTE
De gueules à la verrière d'argent essorée de sable et ajourée de gueules, flanquée à senestre d'une haute cheminée du second, le tout sur une terrasse du troisième.

Armoiries parlantes (La Heutte = [Glas-]Hütte = verrerie, verrière) établies et adoptées en 1936.

7
MONT-TRAMELAN
De gueules à la barre d'argent chargée de trois feuilles de tilleul du premier attachées à son bord dextre, à un mont de trois coupeaux du second.

Ces armoiries, brisées de trois coupeaux en pointe, sont celles des nobles de Tramelan, connues déjà au XVe siècle.

8
ORVIN
D'or à un homme au naturel, habillé et coiffé de gueules, armé d'un épieu d'argent à la hampe de sable, attaquant un ours de sable, lampassé et armé de gueules sur une terrasse de sinople.

Armoiries parlantes, selon l'ancienne devise «Ors vin» (ours, viens). Elles se réclament d'un document de 1697.

9
PÉRY
De gueules au guidon d'argent à la hampe d'or.

La commune a relevé les armoiries des nobles de Péry, telles qu'elles se trouvent sur un vitrail de l'église de Péry.

District de Courtelary

1 Corgémont

2 Cormoret

3 Cortébert

4 Courtelary

5 La Ferrière

6 La Heutte

7 Mont-Tramelan

8 Orvin

9 Péry

10
PLAGNE
Parti d'or et de gueules à trois (2, 1) chaudrons de l'un en l'autre.

Ces armoiries de composition moderne sont une allusion au sobriquet traditionnel des habitants, les «Magnins», chaudronniers ambulants.

11
RENAN (BE)
D'argent à la fasce de sinople chargée d'une étoile à six rais d'or.

Ces armoiries dont l'origine ne peut être fixée exactement, sont entrées dans la tradition au début du XXe siècle. La commune les a adoptées en 1945.

12
ROMONT (BE)
De gueules à la tour crénelée d'argent maçonnée de sable et ajourée de gueules sur un mont de sinople, au chef d'argent chargé d'un épervier essorant d'azur.

La tour fait allusion à la «specula» romaine qui aurait existé sur un mamelon près du village. L'épervier est un rappel des armes des nobles de Füglisthal. Armoiries adoptées par la commune en 1946.

13
SAINT-IMIER
De sable à deux pals d'or à la fasce d'argent brochant chargée d'une étoile de gueules.

La commune de Saint-Imier a employé depuis 1900 environ les armoiries des sires d'Erguël, avoués, aux XIIe et XIIIe siècles, de la vallée qui prit leur nom.

14
SONCEBOZ-SOMBEVAL
D'argent à trois sapins de sinople gûtés de gueules mouvant d'un mont de trois coupeaux du second et accompagnés en chef de deux étoiles de gueules.

Ces armoiries sont empruntées à une famille de notables, les Bourquin. La commune les a adoptées en 1946.

15
SONVILIER
De gueules à la banderole (bannière) d'argent posée en bande.

Portées par la commune depuis le début du XXe siècle, ces armoiries ont été établies d'après celles de Hugo de Sunnvelier, connues déjà au XVe siècle.

16
TRAMELAN
De gueules à la barre d'argent chargée de trois feuilles de tilleul du premier attachées à son bord dextre.

La commune a relevé les armoiries des anciens nobles de l'endroit, connues déjà au XVe siècle.

17
VAUFFELIN
Parti d'or et de gueules au loup de sable armé et lampassé de gueules brochant sur le tout.

Armoiries parlantes, faisant allusion à l'ancien nom alémanique de la commune «Wolflingen» = domicile des descendants de Wolf (= loup). Employées déjà au XIXe siècle.

18
VILLERET
De gueules à la bande d'argent chargée de trois feuilles de trèfle renversées de sinople, à la bordure d'or.

Ces armoiries sont déjà connues au début du XXe siècle; elles font allusion aux armoiries du district. La commune les a adoptées en 1946.

District de Courtelary

10 Plagne

11 Renan (BE)

12 Romont (BE)

13 Saint-Imier

14 Sonceboz-Sombeval

15 Sonvilier

16 Tramelan

17 Vauffelin

18 Villeret

Amtsbezirk Erlach

In Rot vom linken Schildrand eine
schwarze Bärentatze, die eine ausgerissene
grüne Erle mit goldenem Stamm hält.

Redendes Wappen in bezug auf die Erle
(= Erlach). Die Bärentatze weist auf die
bernische Besitznahme hin (1476). Das Wappen
ist wie andere, ähnliche, wahrscheinlich von
Bern verliehen worden.

AMTSBEZIRK ERLACH

1
BRÜTTELEN
In Rot ein goldener Pfahl mit drei
schwarzen Sparren, überdeckt von einem
blauen Rechtsschräg-Wellenbalken.

Der Schild geht auf das Wappen der Grafen von
Nidau zurück; der Bach erinnert an die
Bedeutung des Wassers für die Gemeinde. In
der jetzigen Form stammt das Wappen aus dem
Anfang unseres Jahrhunderts.

2
ERLACH
In Rot eine ausgerissene grüne Erle mit
goldenem Stamm, begleitet von einem
aufsteigenden goldenen Halbmond und
einem goldenen Stern.

Redendes Wappen. Auf Siegeln ist es seit dem
frühen 14. Jahrhundert bezeugt.

3
FINSTERHENNEN
In Silber eine schreitende schwarze Henne
mit rotem Kamm, rotem Schnabel und
Kehllappen und roten Füssen, links oben
begleitet von einem roten Stern.

Redendes Wappen. Das Motiv mit der
schwarzen Henne wurde schon vor 200 Jahren
verwendet; die heutige Wappenform entstand
1938.

4
GALS
In Rot ein silberner Rechtsschrägbalken,
belegt mit drei pfahlweise gestellten blauen
Lilien.

Der rote Schild mit dem weissen Schrägbalken
ist das Wappen des Klosters St. Johannsen, zu
dem Gals einst gehörte. In der heutigen Form
mit den Lilien seit 1927 verwendet.

5
GAMPELEN
In Rot ein ausgerissener goldener
Rohrdommelkopf («Moostier»).

Die Rohrdommel, «Moostier» genannt, ist der
charakteristische Vogel des Grossen Mooses.
Das Motiv wird schon 1780 für Gampelen
erwähnt.

6
INS
In Gold über einem grünen Dreiberg eine
rechtsschräg gestellte blaue Pflugschar und
ein linksschräg gestelltes blaues Rebmesser
(«Rebmutz»), überhöht von einem roten
Stern.

Das Wappen nimmt Bezug auf die Bodenkultur:
Acker- und Rebbau. Seit 1910 nachweisbar.

7
LÜSCHERZ
In Blau eine silberne Pflugschar, überhöht
von einem silbernen Fisch.

Ackerbau und Fischerei bildeten von alters her
die Haupterwerbszweige. Das Wappen ist bei
der Wappenbereinigung 1944 festgelegt worden;
es geht zurück auf die Gravur auf einem
Abendmahlsbecher der Kirche Vinelz.

8
MÜNTSCHEMIER
Gespalten von Gold und Grün, überdeckt
von einem roten Dreiberg, aus dem eine
grüne Erle mit silbernem Stamm und eine
goldene Aehre wachsen.

Die Erle weist auf die Zugehörigkeit zum Amt
Erlach hin; die Ähre steht für die Fruchtbarkeit
des Bodens. Das Wappen wurde 1930
entworfen.

9
SISELEN
In Rot eine silberne Pfeilspitze.

Das Wappen ist schon, in etwas anderer Form,
um 1780 nachgewiesen. Eine Deutung ist nicht
bekannt.

1 Brüttelen

2 Erlach

3 Finsterhennen

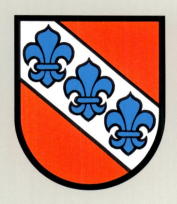
4 Gals

5 Gampelen

6 Ins

7 Lüscherz

8 Müntschemier

9 Siselen

10

TREITEN

In Silber ein blauer
Linksschräg-Wellenbalken, überdeckt von
einem schwarzen Antoniuskreuz auf
grünem Dreiberg.

Das Antoniuskreuz ist nichts anderes als die
Initiale des Gemeindenamens; mit Bach und
Dreiberg werden Elemente der Landschaft
bezeichnet. Das Wappen wurde 1939 geschaffen.

11

TSCHUGG

In Rot ein silbernes Rebmesser
(«Rebmutz») mit goldenem Griff.

Das Rebmesser erinnert an das wichtigste
Landesprodukt, den Wein. Das Wappen kommt
schon 1826 auf einer Feuerspritze vor.

12

VINELZ

In Blau ein abgewendetes silbernes
Rebmesser («Rebmutz») mit goldenem
Griff und eine gestürzte silberne
Pflugschar nebeneinander.

Rebmutz und Pflugschar bezeichnen Ackerbau
und Rebbau. Das Wappen wurde um 1900 nach
einer Gravur auf einem gotischen
Abendmahlsbecher gestaltet.

10 Treiten

11 Tschugg

12 Vinelz

Amtsbezirk Fraubrunnen

In Rot eine goldene Rechtsschrägleiste, begleitet von zwei schreitenden goldenen Löwen.

Das Wappen der Grafen von Kiburg, der Stifter des Klosters Fraubrunnen, ging über auf das Kloster, dann auf die Vogtei und 1803 auf das Amt.

AMTSBEZIRK FRAUBRUNNEN

1
BALLMOOS
Geteilt, oben in Gold ein wachsender schwarzer Adler, unten dreimal geteilt von Schwarz und Gold.

Das Wappen des adeligen Geschlechtes «von Ballmoos» ist schon im 13. Jahrhundert nachgewiesen, als Ortswappen seit ca. 1780.

2
BANGERTEN
In Rot auf grünem Boden ein grüner Apfelbaum mit goldenen Äpfeln, überdeckt von einem geflochtenen goldenen Zaun.

Redendes Wappen: Bangerten = Baumgarten. Das Wappen kommt in leicht veränderter Form schon um 1730 vor.

3
BÄTTERKINDEN
In Rot eine goldene Ähre, in goldenem Schildhaupt drei blaue Wellenpfähle.

Die drei Bäche im Schildhaupt versinnbildlichen Emme, Urtenen und Limpachkanal, die Ähre den blühenden Getreidebau. Geschaffen 1929.

4
BÜREN ZUM HOF
In Blau eine goldene Löwentatze aus dem linken Obereck, eine schräggestellte silberne Sichel mit goldenem Griffe haltend.

Die Löwentatze erinnert an die Zugehörigkeit zum Amt Fraubrunnen. Die Sichel kündet vom Ackerbau. Das Wappen ist um 1940 geschaffen worden.

5
DEISSWIL BEI MÜNCHENBUCHSEE
Geteilt von Rot mit einem halben goldenen Mühlrad an der Teilungslinie, und von Silber.

Rot und Weiss sind die Farben der Landvogtei Buchsee, zu der Deisswil ehemals gehörte. Das halbe Mühlrad weist auf den Kornbau hin. Das Wappen ist seit etwa 1730 bekannt; als Gemeindewappen wurde es 1924 angenommen.

6
DIEMERSWIL
Geteilt von Rot mit einem durchgehenden silbernen Kreuz, und von Silber mit einer roten, goldbesamten Rose mit grünen Kelchzipfeln an einem grünen Zweig mit zwei Blättern.

Das weisse Kreuz im roten Feld ist das Wappen der Johanniter, denen Diemerswil vor der Reformation gehörte. Die Rose ist dem Wappen der Familie von Fellenberg entnommen, die in Diemerswil einen Landsitz besass. Das Wappen wurde um 1920 geschaffen.

7
ETZELKOFEN
In Blau aus dem linken Obereck ein geharnischter silberner Rechtsarm, ein silbernes Szepter haltend.

Das Wappenbild wird mit der früheren Zugehörigkeit zum Vennergericht Mülchi erklärt. Das Wappen dürfte zu Anfang dieses Jahrhunderts entstanden sein.

8
FRAUBRUNNEN
In Rot eine goldene Rechtsschrägleiste, begleitet von zwei schreitenden goldenen Löwen.

Das Wappen der Grafen von Kiburg, der Stifter des Klosters Fraubrunnen, ging über auf das Kloster, dann auf die Vogtei und das Amt. Die Verwendung durch die Gemeinde entspricht einer Tradition, die 1944 sanktioniert wurde.

9
GRAFENRIED
In Silber auf grünem Boden eine stehende rote Hindin (Hirschkuh).

Die Hirschkuh ist das Wappentier der Grafen von Thierstein, denen die Ortschaft früher gehörte. Der grüne Boden meint das «Ried». Das Wappen wurde 1924 geschaffen.

1 Ballmoos

2 Bangerten

3 Bätterkinden

4 Büren zum Hof

5 Deisswil
bei Münchenbuchsee

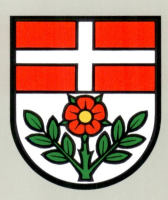
6 Diemerswil

7 Etzelkofen

8 Fraubrunnen

9 Grafenried

10
IFFWIL
Mit Zinne geteilt von Silber und Schwarz; oben eine schwebende schwarze Bärentatze.

Die Zinne kann nicht gedeutet werden; die Bärentatze versinnbildlicht eine besondere Rechtsstellung Iffwils im alten Bern: es wurde direkt von der Stadt Bern aus verwaltet. Das Zinnenwappen erscheint schon um 1780; die heutige Form entstand 1927.

11
JEGENSTORF
Gespalten von Silber mit einem roten Stufengiebel, und von Rot mit silberner rechter Stufe geteilt.

Von den Herren von Jegistorf, die in der Berner Gründungsgeschichte eine Rolle spielten, sind verschiedene Wappenformen überliefert. Das heutige Wappen bildet die Kombination zweier Wappen von 1719; geschaffen wurde es 1939.

12
LIMPACH
In Gold ein blauer Rechtsschrägwellenbalken, belegt mit drei silbernen Fischen hintereinander.

Redendes Wappen. Das Motiv kommt 1826 auf einer Feuerspritze vor; die heutige Gestaltung datiert von 1944.

13
MATTSTETTEN
In Rot zwei schwebende abgewendete silberne Schwanenrümpfe mit goldenen Schnäbeln.

Das Wappen der Herren von Mattstetten. Als Gemeindewappen angenommen 1935.

14
MOOSSEEDORF
In Blau drei erniedrigte silberne Wellenbalken, auf dem obersten ein goldenes Boot mit rechtsschräg gestelltem goldenem Ruder.

Die Ritter von Moosseedorf führten das Wappen schon um 1250. Als Gemeindewappen eingeführt 1916.

15
MÜLCHI
In Rot mit silbernem Schildrand eine silberne goldbesamte Rose mit grünen Kelchzipfeln.

Die Rose entstammt dem Wappen der Grafen von Buchegg, die einst in Mülchi zu Gericht sassen. In der heutigen Form seit 1925 verwendet.

16
MÜNCHENBUCHSEE
In Rot ein silberner Rechtsschrägbalken, belegt mit neun (3, 3, 3) grünen Buchsblättern, nach der Figur gestellt.

Das redende Wappen der ehemaligen Herren von Buchsee, seit dem 19. Jahrhundert als Gemeindewappen verwendet.

17
MÜNCHRINGEN
Gespalten von Rot und Silber, überdeckt von einer Pflugschar, deren Spitze in einem Patriarchenkreuz endigt, oben begleitet von zwei Sternen, alles in gewechselten Farben.

Münchringen gehörte einst mit Kernenried zum Spitalgericht in Bern. Das Wappen zeigt die Farben und Sterne von Kernenried sowie die Pflugschar als Sinnbild des Ackerbaus. Das Patriarchenkreuz weist auf das Burgerspital in Bern hin. Das Wappen entstand 1941.

18
RUPPOLDSRIED
Geteilt von Gold mit einem schreitenden roten Löwen, und von Blau mit einer silbernen zweitürmigen Burg.

Der Löwe stammt aus dem Amtswappen von Fraubrunnen; die untere Schildhälfte zeigt das Wappen der Herren von Messen, zu deren Herrschaft Ruppoldsried gehörte. Das Wappen wurde 1938 geschaffen.

Amtsbezirk Fraubrunnen

10 Iffwil

11 Jegenstorf

12 Limpach

13 Mattstetten

14 Moosseedorf

15 Mülchi

16 Münchenbuchsee

17 Münchringen

18 Ruppoldsried

19
SCHALUNEN
In Rot ein siebenmal geknickter linksschräger silberner Zickzackbalken, begleitet von zwei linksschräg gestellten goldenen Kleeblättern.

Der Zickzackbalken wird als Treppe gedeutet, mit der unsicheren Namensdeutung Schalunen = Scala (lateinisch: Treppe). Die Kleeblätter weisen auf den Landbau hin. In ähnlicher Form seit 1920 bekannt; das heutige Wappen wurde 1940 geschaffen.

20
SCHEUNEN
Geteilt von Gold und Rot mit zwei Scheunen in gewechselten Farben.

Redendes Wappen; die zwei Schildteile bezeichnen die Gemeindeteile Oberscheunen und Messen-Scheunen. Die Farben sind dem Amtswappen entnommen. Das Wappen wurde 1941 geschaffen.

21
URTENEN
In Silber eine gestürzte, eingebogene, bis zum Schildfuss reichende schwarze Spitze, belegt mit einem silbernen Hochtatzenkreuz.

Eine Deutung ist nicht bekannt. Erwähnt ist das Wappen um 1780; die heutige Form, gegenüber der alten leicht verändert, ist seit 1920 gebräuchlich.

22
UTZENSTORF
Gespalten von Grün und Silber, überdeckt von einem Lindenblatthaspel in gewechselten Farben.

Es wird ein Zusammenhang vermutet mit dem Wappen der Herren von Utzingen, die im Mittelalter im Oberaargau Güter besassen. Um 1780 bereits bezeugt, in der heutigen Form seit etwa 1930 gebräuchlich.

23
WIGGISWIL
In Blau ein silberner goldbewehrter Greif mit goldenen Flügeln.

Es ist keine Deutung bekannt. Um 1780 kommt das Wappen bereits vor; die heutige Form entstand 1924.

24
WILER BEI UTZENSTORF
Schrägrechts geteilt von Silber und Grün mit zwei schrägrechts gestellten Blättern in gewechselten Farben.

Anlehnung an das Wappen von Utzenstorf, zu dem Wiler kirchlich gehört. Um 1930 entstanden.

25
ZAUGGENRIED
In Grün ein silberner Rechtsschrägbalken, belegt mit zwei nach der Figur gestellten roten Sternen.

Das grüne Feld nimmt Bezug auf «Ried»; der Schrägbalken erinnert an das Haus Kiburg; die Sterne versinnbildlichen die beiden Örtlichkeiten Zauggenried und Moos. – Neuschöpfung 1933.

26
ZIELEBACH
In Grün ein silberner Wellenbalken.

Redendes Wappen. Von der Gemeinde 1929 angenommen.

27
ZUZWIL (BE)
In Gold drei (2, 1) blaue Flachsschwingen.

Das Wappen kommt um 1780 erstmals vor; als Gemeindewappen wurde es 1944 angenommen.

 19 Schalunen
 20 Scheunen
 21 Urtenen

 22 Utzenstorf
 23 Wiggiswil
 24 Wiler bei Utzenstorf

 25 Zauggenried
 26 Zielebach
 27 Zuzwil (BE)

Amtsbezirk Frutigen

In Silber ein schwarzer, golden gekrönter Adler mit goldenem Schnabel und goldenen Beinen.

Altes Wappen der Landschaft Frutigen, der Landvogtei und dann des Amtsbezirks. Der Adler symbolisiert die Reichsfreiheit.

AMTSBEZIRK FRUTIGEN

1
ADELBODEN
In Silber ein auf einem grünen Hügel stehender schwarzer Adler mit rotem Schnabel und roten Beinen.

In Anlehnung an das Amtswappen von Frutigen wohl am Anfang unseres Jahrhunderts geschaffen.

2
AESCHI BEI SPIEZ
In Silber vom linken Obereck eine schwarze Bärentatze.

Das alte Wappen der Landschaft Aeschi kommt schon um 1500 vor. Eine Deutung ist nicht bekannt; möglich ist ein Zusammenhang mit dem Berner Wappen.

3
FRUTIGEN
In Silber ein schwarzer, golden gekrönter Adler mit goldenem Schnabel und goldenen Beinen.

Altes Wappen der Landschaft Frutigen, auch als Ortswappen von alters her überliefert.

4
KANDERGRUND
In Grün ein silberner rechtsschräger Wellenbalken.

Redendes Wappen. Geschaffen 1913.

5
KANDERSTEG
Unter silbernem Schildhaupt mit schwarzem Adler in Blau ein pfahlweis gestellter goldener Steg.

Der Adler stammt aus dem Wappen des Amtes. Der Steg im blauen Feld ist redend. Geschaffen 1913.

6
KRATTIGEN
In Gold ein schwarzer Rechtsschrägbalken, belegt mit drei goldenen Scheiben (Kugeln).

Eine unverbürgte Sage erzählt von der Verleihung des Wappens nach der Schlacht bei Murten. Die älteste Abbildung datiert von etwa 1730.

7
REICHENBACH IM KANDERTAL
In Silber eine aus einem grünen Dreiberg wachsende schwarze Bärentatze.

Nach dem Wappen der Landschaft Aeschi gestaltet und von Reichenbach von alters her verwendet.

Amtsbezirk Frutigen

1 Adelboden

2 Aeschi bei Spiez

3 Frutigen

4 Kandergrund

5 Kandersteg

6 Krattigen

7 Reichenbach im Kandertal

Amtsbezirk Interlaken

In Silber ein halber schwarzer Steinbock.

Das Wappen der Stifterfamilie des Klosters Interlaken, der Freiherren von Oberhofen, wird als Vorbild für das Amtswappen Interlaken angesehen.

Amtsbezirk Interlaken

1
BEATENBERG
In Silber ein schwarzgekleideter heiliger Beat mit goldenem Nimbus, links ein rotes Buch mit goldenem Schnitt haltend, rechts mit gehobenem schwarzem Stecken einen auffliegenden grünen Drachen mit roter Zunge aufjagend.

Das Wappen stellt den dramatischen Höhepunkt der Beatuslegende dar. Es wurde 1922 geschaffen.

2
BÖNIGEN
Geteilt von Gold mit einem schwarzen goldgekrönten Adler, und von Silber mit einem halben schwarzen Steinbock.

Der Reichsadler erinnert an die Zeit vor 1275, wo Bönigen ein Reichsdorf war, der Steinbock an Landschaft und Kloster Interlaken, wohin Bönigen später gehörte. Das Wappen wurde 1922 geschaffen.

3
BRIENZ (BE)
Von Blau und Silber durch Wellenschnitt schräglinks geteilt, überdeckt von einem Löwen in gewechselten Farben.

Ein Reiterschild des Freiherrn Arnold von Brienz aus dem Ende des 12. Jahrhunderts, eines der ältesten heraldischen Dokumente unseres Landes, zeigt bereits den weissen Löwen auf blauem Schild. Die heutige Form erhielt das Wappen 1939/1942.

4
BRIENZWILER
In Blau ein silberner Rechtsschrägbalken, belegt mit einem nach der Figur gestellten roten Zinnenturm.

Der Schrägbalken erinnert an die Brünigstrasse; der Turm stammt aus dem Wappen der Familie «von Rudenz», die in Brienzwiler begütert war. Geschaffen 1944.

5
DÄRLIGEN
In Blau auf silbernem gewelltem Schildfuss ein goldenes Schiff mit silbernem Segel.

Die Schiffahrt auf dem Thunersee ergab das Wappenbild. Das 1941 geschaffene Wappen wurde 1945 in den Farben berichtigt.

6
GRINDELWALD
In Rot ein silberner Balken.

Der sogenannte «Bindenschild» entspricht dem Wappen der Herzöge von Österreich, die einst Grindelwald besassen. Um 1780 in der heutigen Form erwähnt.

7
GSTEIGWILER
In Silber eine halbe schwarze Gemse.

Die Gemse ist charakteristisches Wild der Region. Das Wappen wurde 1924 geschaffen.

8
GÜNDLISCHWAND
Gespalten von Schwarz und Silber mit einem Wellensparren in gewechselten Farben.

Auf dem Gebiet der Gemeinde fliessen weisse und schwarze Lütschine zusammen; das Wappen gibt also eine geographische Situation wieder. – Geschaffen 1932.

9
HABKERN
In Silber auf drei naturfarbenen Felsen ein naturfarbener Habicht.

Redendes Wappen. Die älteste bekannte Darstellung findet sich auf einer gemalten Scheibe von 1674.

Amtsbezirk Interlaken

1 Beatenberg

2 Bönigen

3 Brienz (BE)

4 Brienzwiler

5 Därligen

6 Grindelwald

7 Gsteigwiler

8 Gündlischwand

9 Habkern

10
HOFSTETTEN BEI BRIENZ
In Grün ein silberner
Rechtsschrägwellenbalken (Bach), begleitet
von einem goldenen Stern und einem
goldenen Mühlrad.

Der Wellenbalken bezeichnet den Eistlenbach,
der früher eine Mühle betrieb, auf die das
Mühlrad hinweist. Der Stern symbolisiert die
Hoffnung auf eine friedliche Zukunft. Diese
Wappenerklärung gab der Künstler, der 1945/46
das Wappen schuf.

11
INTERLAKEN
In Silber ein halber schwarzer Steinbock.

Die Gemeinde führt das Wappen der alten
Landschaft und des späteren Amtes Interlaken.

12
ISELTWALD
In Gold ein von Schwarz und Silber
gespaltener schreitender Steinbock.

In Anlehnung an das Landschaftswappen schon
vor gut 300 Jahren gebräuchlich.

13
LAUTERBRUNNEN
Geteilt von Silber mit einem halben
schwarzen Steinbock, und von Grün mit
drei gewellten silbernen Spitzen.

Die drei gewellten Spitzen sind drei Wasserfälle;
der halbe Steinbock erinnert an die
Zugehörigkeit zum Amt Interlaken. Geschaffen
1945.

14
LEISSIGEN
In Rot zwei pfahlweis gestellte
zugewendete eingebogene silberne Fische.

In Leissigen wurde von je der Fischfang
betrieben. Das Wappen erscheint schon auf
einem Abendmahlskelch von 1566.

15
LÜTSCHENTAL
In Gold auf einem natürlichen Felsen eine
stehende schwarze Gemse.

Felsen und Gemse charakterisieren die Natur
der Gemeinde Lütschental. Das Wappen wurde
1945 geschaffen.

16
MATTEN BEI INTERLAKEN
In Grün eine silberne Mauer mit drei
Zinnen, begleitet von drei goldenen
Sternen.

Die grüne Farbe des Schildes ist redend. Mauer
und Sterne können nicht gedeutet werden. Das
Wappen ist schon um 1750 bekannt.

17
NIEDERRIED BEI INTERLAKEN
In Silber über grünem Schildfuss ein
halber schwarzer Steinbock.

Das grüne Feld in der untern Schildhälfte ist
redend; der Steinbock gibt die Zugehörigkeit
zum Amt Interlaken an. Geschaffen wurde das
Wappen 1929.

18
OBERRIED AM BRIENZERSEE
In Silber unter grünem Schildhaupt ein
halber schwarzer Steinbock.

Das grüne Feld im Schildhaupt ist redend. Der
Steinbock gibt die Zugehörigkeit zum Amt
Interlaken an. Geschaffen wurde das Wappen
1929.

10 Hofstetten bei Brienz

11 Interlaken

12 Iseltwald

13 Lauterbrunnen

14 Leissigen

15 Lütschental

16 Matten bei Interlaken

17 Niederried bei Interlaken

18 Oberried am Brienzersee

19
RINGGENBERG (BE)
In Rot auf einem schwebenden silbernen Sechsberg eine halbrunde silberne Schnalle («Ringgen»).

Redendes Wappen. Es ist das Wappen der Freiherren von Ringgenberg; als Ortswappen schon im 18. Jahrhundert verwendet.

20
SAXETEN
In Rot eine gestürzte silberne Spitze, belegt mit zwei gekreuzten schwarzen Steinbockhörnern.

Die gestürzte Spitze steht sinnbildlich für das Tal, das die Gemeinde bildet. Die Steinbockhörner erinnern an die Zugehörigkeit zum Amt Interlaken. Geschaffen 1939.

21
SCHWANDEN BEI BRIENZ
In Gold eine rote Spitze, belegt mit drei silbernen Wellenpfählen.

Das Wappen ist beschreibend: die rote Spitze ist das Rothorn, die drei Wellenpfähle stellen die drei Wildbäche dar. Das Wappen wurde 1942 geschaffen.

22
UNTERSEEN
In Gold ein halber schwarzer Steinbock.

Von der Stadt und heutigen Gemeinde Unterseen seit der Stadtgründung unverändert geführt.

23
WILDERSWIL
Linksschräg geteilt von Silber und Schwarz, überdeckt von einem steigenden Ziegenbock in gewechselten Farben.

Die Farben erinnern an die Zugehörigkeit zum Amt Interlaken; mit dem Ziegenbock als Wappentier wird auf das genügsame und doch angriffige Haustier des Bergbauern hingewiesen. Das Wappen ist seit 300 Jahren bekannt.

19 Ringgenberg (BE) 20 Saxeten 21 Schwanden bei Brienz

22 Unterseen 23 Wilderswil

Amtsbezirk Konolfingen

In Rot ein silberner Schildhauptpfahl.

Das Wappen der Freiherren Senn von
Münsingen, dann des Landgerichts Konolfingen
und seit 1803 des Amtsbezirks.

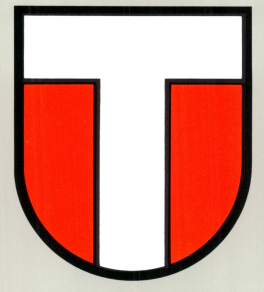

Amtsbezirk Konolfingen

1
AESCHLEN
Rechtsschräg geteilt von Silber mit einem schreitenden roten Löwen, und von Grün.

Das grüne Feld erinnert an das haldige Voralpengelände, der Löwe an die einstige Zugehörigkeit zur Herrschaft Diessbach. Das Wappen wurde 1932 geschaffen.

2
ARNI
Geteilt, oben in Blau eine goldene Lilie, unten in Gold ein liegender blauer Halbmond.

Eine Deutung ist nicht bekannt. Das Wappen soll ursprünglich einer nicht näher bekannten Familie «von Arni» gehört haben. Als Ortswappen begegnen wir der heutigen Gestaltung um 1780.

3
BIGLEN
Geteilt von Rot und Silber, rechtsschräg überdeckt von einem Doppelkreuz in gewechselten Farben.

Das Wappen ist nicht gedeutet. In ähnlicher Form tritt es schon im 18. Jahrhundert auf; die heutige Gestaltung wurde 1945 geschaffen.

4
BLEIKEN BEI OBERDIESSBACH
In Grün ein silberner Rechtsschrägbalken, belegt mit einer schwarzen Fackel mit roter Flamme.

Die Fackel erinnert an die Hochwacht, den Alarmposten, auf der Falkenfluh. Das Wappen wurde 1923 geschaffen.

5
BOWIL
In Gold auf einem roten Dreiberg drei grüne Tannenzweige.

Das waldreiche Gemeindegebiet hat das glücklich gestaltete Motiv veranlasst. Das Wappen wurde 1912 geschaffen.

6
BRENZIKOFEN
In Rot ein aufrechter goldener Löwe, in der rechten Vorderpranke ein goldenes Schwert haltend.

Nach dem Wappen einer ausgestorbenen Berner Familie «Brenzikofer» im Jahre 1913 geschaffen.

7
FREIMETTIGEN
In Rot ein schwebendes wiedergekreuztes silbernes Andreaskreuz.

Eine Erklärung ist nicht bekannt. Das Wappen kommt schon um 1780 vor, von der Gemeinde wurde es 1937 angenommen.

8
GROSSHÖCHSTETTEN
In Gold eine ausgerissene grüne Buche mit rotem Stamm.

Bedeutung und Ursprung des Wappens sind nicht bekannt. Der Baum erscheint schon im 17. Jahrhundert auf einer Fahne; die heutige Form wurde 1929 angenommen.

9
HÄUTLIGEN
Gespalten von Silber und Rot, überdeckt von einem grünen Dreiberg, rechts eine goldbesamte rote Rose mit grünen Kelchzipfeln, links ein linksgewendetes silbernes Metzgerbeil mit goldenem Stiel.

Weiss und Rot sind die Farben des früheren Landgerichts Konolfingen; das Metzgerbeil erinnert daran, dass Häutligen einst in einer besonderen Rechtsstellung mit dem Venner zu Metzgern verbunden war. Der Dreiberg weist auf die erhöhte Lage hin; die Rose meldet, dass Häutligen die einzige Ortschaft der Gemeinde ist. – Geschaffen wurde das Wappen 1928.

Amtsbezirk Konolfingen

1 Aeschlen

2 Arni

3 Biglen

4 Bleiken
bei Oberdiessbach

5 Bowil

6 Brenzikofen

7 Freimettigen

8 Grosshöchstetten

9 Häutligen

10
HERBLIGEN
In Blau eine silberne Sense.

Die Sense erinnert an die Landwirtschaft. Das Wappen wurde 1905 geschaffen.

11
KIESEN
In Gold auf einem grünen Dreiberg ein schwarzes Zeichen (linksgewendete 5) zwischen zwei roten Flammen.

Das Wappen ist nicht zu deuten. Es geht zurück auf das Siegel eines Heinrich von Kiesen 1380. Von der Gemeinde 1943 angenommen.

12
KONOLFINGEN
In Gold ein aus drei schwarzen Bausteinen wachsender roter Löwe, oben begleitet von zwei roten Sternen.

Die heutige Gemeinde Konolfingen entstand 1933 durch die Vereinigung der beiden Gemeinden Gysenstein und Stalden. Das Wappen ist dasjenige des ausgestorbenen Stadtberner Geschlechts «von Gysenstein», dem die zwei Sterne beigefügt wurden als Hinweis auf die zwei Gemeindeteile. Das Wappen entstand 1939.

13
LANDISWIL
Geteilt von Rot und Silber, überdeckt von einer aus einem grünen Dreiberg wachsenden grünen Tanne, oben begleitet von einem goldenen L und einem goldenen Stern.

Rot und weiss sind die Farben des Amtsbezirks; Hügel und Tanne spielen auf die Natur an. Stern und Initiale L beziehen sich auf Landiswil selber. – Das Wappen entstand 1910.

14
LINDEN
In Silber auf einem grünen Dreiberg eine grüne Linde mit rotem Stamm, belegt mit drei (1, 2) goldenen Sternen.

Redendes Wappen. – Die heutige Gemeinde Linden entstand 1945 durch die Vereinigung von Ausserbirrmoos, Innerbirrmoos und Otterbach. Auf diese drei ehemaligen Gemeinden weisen die drei Sterne hin. Das Wappen wurde 1945 geschaffen.

15
MIRCHEL
Gespalten von Gold und Grün, überdeckt von einem siebenblättrigen Eichenzweig in gewechselten Farben.

Die zwei Schildhälften bezeichnen die Gemeindeteile Mirchel und Gmeis. Gmeis wird sprachlich gedeutet als «Ort, wo Bäume geschlagen werden», daher der Eichenzweig. – Das Wappen entstand 1937.

16
MÜNSINGEN
In Rot ein silberner Schildhauptpfahl.

Das Wappen der Freiherren Senn von Münsingen, später des Landgerichts Konolfingen. Als Ortswappen von Münsingen schon um 1780 verwendet.

17
NIEDERHÜNIGEN
Unter einem silbernen, mit einem roten Sterne belegten Schildhaupt in Rot zwei abgewendete silberne Schwanenhälse mit goldenen Schnäbeln.

Rot und Weiss: die Farben des Amtsbezirks. Das Motiv der Schwanenhälse ist dem älteren Wappen von Oberhünigen entnommen. Das Wappen entstand 1943.

18
NIEDERWICHTRACH
In Rot eine silberne Pflugschar.

Nach dem Wappen der Familie «von Wichtrach», die im 14. Jahrhundert nachgewiesen ist, zur Unterscheidung vom Wappen von Oberwichtrach aber mit senkrecht gestellter Pflugschar. Als Gemeindewappen 1858 bezeugt.

Amtsbezirk Konolfingen

10 Herbligen

11 Kiesen

12 Konolfingen

13 Landiswil

14 Linden

15 Mirchel

16 Münsingen

17 Niederhünigen

18 Niederwichtrach

19
OBERDIESSBACH
In Schwarz ein fünfmal geknickter goldener Rechtsschrägbalken, begleitet von zwei schreitenden goldenen Löwen.

Wappen der Familie «von Diesbach». Als Ortswappen seit dem 18. Jahrhundert nachgewiesen.

20
OBERHÜNIGEN
Geteilt von Schwarz, belegt mit zwei wachsenden, abgewendeten, silbernen Schwanenhälsen mit goldenen Schnäbeln, und von Gold.

Die Gemeinde Oberhünigen wurde auf den 1. Januar 1980 durch Abtrennung von Schlosswil geschaffen. Das Wappen ist nicht zu deuten; man findet es aber bereits 1780 auf einem Wappenrelief am Schloss Wil.

21
OBERTHAL
In Silber über einem grünen Dreiberg sieben (3, 4) rote, fünfstrahlige Sterne.

Das Wappen informiert über die Gemeinde: Die sieben Sterne geben die Vielzahl von Örtlichkeiten an; der Dreiberg stellt drei Hügelzüge und die zwei dazwischen liegenden Täler dar. Das Wappen wurde 1931 geschaffen.

22
OBERWICHTRACH
In Silber eine rote Pflugschar schrägrechts.

Nach dem Wappen der Familie «von Wichtrach», die im 14. Jahrhundert nachgewiesen ist. Als Gemeindewappen 1858 bezeugt.

23
OPPLIGEN
In Silber eine eingebogene, in einem Kreuz endigende rote Spitze.

Die Figur ist nicht zu deuten, die Farben entstammen dem Amtswappen. Nachgewiesen schon 1780.

24
RUBIGEN
In Schwarz ein goldener Schildhauptpfahl, das Haupt belegt mit drei goldbesamten roten Rosen mit grünen Kelchzipfeln.

Der Schildhauptpfahl erinnert an die Zugehörigkeit zur Kirchgemeinde Münsingen; die Farben Gelb und Schwarz deuten auf die frühere Zugehörigkeit Trimsteins zu Worb. Die drei Rosen bezeichnen die drei Ortschaften Rubigen, Trimstein und Allmendingen. Geschaffen wurde das Wappen 1945.

25
SCHLOSSWIL
Dreimal schrägrechts geteilt von Blau und Gold.

Eine Deutung ist nicht bekannt. Dargestellt erscheint das Wappen erstmals 1780 über dem Tor zum Schloss Wil.

26
TÄGERTSCHI
In Rot ein silberner Schildhauptpfahl, begleitet von einer goldenen Traube und einer goldenen Ähre.

Das Heroldsbild ist dem Wappen des Amtes entnommen; Ähre und Traube versinnbildlichen die blühende Landwirtschaft. – Geschaffen wurde das Wappen 1937.

27
WALKRINGEN
Fünfmal Zickzack W-förmig geteilt von Rot und Silber.

Eine Deutung ist nicht bekannt; es ist möglich, dass die Initiale «W» das Motiv angeregt hat. Das Wappen ist schon um 1780 bekannt, als Gemeindewappen verwendet seit Beginn des 20. Jahrhunderts.

Amtsbezirk Konolfingen

19 Oberdiessbach

20 Oberhünigen

21 Oberthal

22 Oberwichtrach

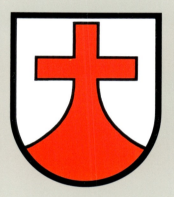
23 Oppligen

24 Rubigen

25 Schlosswil

26 Tägertschi

27 Walkringen

28
WORB
In Gold ein schwarzer Sparren, mit der
Spitze bis zum obern Schildrand reichend.

Die Herkunft des Wappens ist nicht bekannt; als
Ortswappen kennt man es schon um 1780.

29
ZÄZIWIL
In Blau eine silberne Lilie.

Der Ursprung ist nicht bekannt. Das Wappen
taucht schon um 1780 auf; als Gemeindewappen
seit dem Anfang dieses Jahrhunderts verwendet.

28 Worb

29 Zäziwil

Amtsbezirk Laufen

In Schwarz ein silberner Baselstab.

Der Amtsbezirk Laufen, 1846 geschaffen, übernahm das Wappen des Bezirkshauptortes, der Stadt Laufen.

Amtsbezirk Laufen

1
BLAUEN
In Gold ein schwarzer Balken, überhöht von einem fünfstrahligen schwarzen Stern.

Das Wappen – ohne Stern – entspricht dem der Edlen von Rotberg, die im 14. Jahrhundert das Schloss Blauen besassen. Der Stern kam später ins Ortswappen, das 1946 von der Gemeinde angenommen wurde.

2
BRISLACH
In Gold zwei gekreuzte rote Lilienstäbe.

Das Wappen gehörte der Familie der Edelknechte «von Ramstein», die ursprünglich «von Brislach» hiessen. Von der Gemeinde 1946 angenommen.

3
BURG IM LEIMENTAL
In Silber ein schwarzer Balken, begleitet von drei (2, 1) roten Scheiben.

Es ist das Wappen der Herren von Wessenberg, welche die Herrschaft Burg mehrere Jahrhunderte lang besassen. Von etwa 1900 weg als Gemeindewappen verwendet, 1946 offiziell beschlossen.

4
DITTINGEN
In Silber auf grünem Boden ein schreitender, schwarz gekleideter heiliger Wendelin mit goldenem Nimbus, goldenem Stab, goldener Tasche und goldenen Sandalen zwischen zwei grünen Bäumen mit roten Stämmen.

Der heilige Wendelin ist der Patron des Laufentals. Die Gemeinde hat das Wappen schon seit dem Beginn unseres Jahrhunderts verwendet, offiziell angenommen wurde es 1946.

5
DUGGINGEN
In Gold auf einem roten Dreiberg ein aufrechter schwarzer Bär mit roten Krallen.

Das Wappen der Herren von Bärenfels, also ein redendes Wappen. Verwendet seit Beginn des 20. Jahrhunderts; von der Gemeinde angenommen 1946.

6
GRELLINGEN
Gespalten von Silber mit einem roten Baselstab, und von Blau mit einem silbernen Balken mit aufgesetzter halber silberner Lilie.

Der rote Baselstab weist auf das Fürstbistum Basel hin; die linke Schildhälfte enthält das Wappen der alten Herrschaft Pfeffingen mit gewechselten Farben. Geschaffen wurde das Wappen 1911, von der Gemeinde angenommen 1946.

7
LAUFEN
In Schwarz ein silberner Baselstab.

Farben und Figur erinnern an die enge Verbindung mit dem Bistum Basel. Es wird vermutet, das Wappen sei Laufen mit dem Freiheitsbrief von 1296 verliehen worden; nachweisbar ist es seit 1327.

8
LIESBERG
In Blau auf einem roten Sechsberg auf gewelltem blauem Schildfuss ein schreitender silberner Schwan mit goldenem Schnabel und goldenen Beinen.

Seit dem Anfang dieses Jahrhunderts tritt das Wappen in mehreren Varianten auf. Eine Deutung ist nicht bekannt. Nach Bereinigung wurde das Wappen 1946 von der Gemeinde in der heutigen Form angenommen.

9
NENZLINGEN
Gespalten von Rot mit einem silbernen Schlüssel, und von Silber mit einem blauen Balken mit aufgesetzter halber blauer Lilie.

Die linke Schildhälfte zeigt das Wappen der Herrschaft Pfeffingen, zu der Nenzlingen einst gehörte. Die Herkunft des Schlüssels ist ungeklärt. Das Wappen ist seit etwa 1900 bekannt; von der Gemeinde wurde es 1946 angenommen.

Amtsbezirk Laufen

1 Blauen

2 Brislach

3 Burg im Leimental

4 Dittingen

5 Duggingen

6 Grellingen

7 Laufen

8 Liesberg

9 Nenzlingen

10
ROGGENBURG
In Silber auf einem grünen Dreiberg ein aufrechter schwarzer Widder mit roten Hörnern und Klauen.

Herkunft und Deutung sind nicht bekannt. Das Wappen erscheint zu Anfang dieses Jahrhunderts; von der Gemeinde wurde es 1944 angenommen.

11
RÖSCHENZ
Gespalten von Schwarz mit einem linksgewendeten silbernen Baselstab, und von Silber mit einem blauen Wellenbalken, begleitet von zwei goldbesamten roten Rosen mit grünen Kelchzipfeln.

Die rechte Schildhälfte weist auf die Zugehörigkeit zum Amt Laufen hin; der Bach ist die Lützel, während die Rosen an den Namen Röschenz erinnern sollen. Das Wappen wurde 1927 geschaffen und 1946 von der Gemeinde angenommen.

12
WAHLEN
In Rot ein goldener Löwe, einen silbernen Baselstab haltend.

Die Herren von Neuenstein, deren Burg auf Gemeindegebiet stand, führten einst das Löwen-Wappen. Bereichert wurde es, indem man dem Löwen den Baselstab in die Pranken gab. Das geschah anlässlich der Annahme durch die Gemeinde 1945/46.

13
ZWINGEN
In Schwarz zwei gekreuzte silberne Lilienstäbe.

Schloss und Ort Zwingen gehörten einst den Freiherren von Ramstein. Ihr Wappen wurde schon um die Jahrhundertwende als Gemeindewappen verwendet; angenommen hat es die Gemeinde 1946.

Amtsbezirk Laufen

10 Roggenburg

11 Röschenz

12 Wahlen

13 Zwingen

Amtsbezirk Laupen

In Silber eine ausgerissene grüne Linde mit sieben Blättern.

Die Landvogtei Laupen und später der Amtsbezirk führten immer das Wappen des Hauptortes, der Stadt Laupen.

AMTSBEZIRK LAUPEN

1
CLAVALEYRES
In Rot vom linken Obereck eine schwarze Bärentatze, einen goldenen Schlüssel pfahlweis haltend.

Redendes Wappen: der Schlüssel (clavis) nimmt Bezug auf den Namen. Die Bärentatze weist auf die Zugehörigkeit zu Bern hin. Das Wappen wurde 1922 geschaffen und 1943 bestätigt.

2
FERENBALM
In Rot ein mit einem silbernen Schwerte gekreuzter silberner Schlüssel, überdeckt von einer ausgerissenen dreiblättrigen grünen Linde.

Schwert und Schlüssel sind die Attribute der Ferenbalmer Kirchenpatrone Petrus und Paulus. Die Linde weist auf die Amtszugehörigkeit hin. – Geschaffen 1922, bestätigt 1944.

3
FRAUENKAPPELEN
In Blau zwei gekreuzte goldene Bischofsstäbe, überdeckt von einem gekerbten silbernen Kreuz.

Das Kreuz erinnert an das ehemalige Kloster, die Bischofstäbe an dessen direkte Unterstellung unter den Bischof von Lausanne. Schon vor 300 Jahren in ähnlicher Form als Ortswappen verwendet, erfuhr das Wappen die heutige Gestaltung 1932.

4
GOLATEN
In Schwarz ein silbernes Hufeisen.

Das Hufeisenmotiv kommt schon auf einem Feuereimer von 1797 vor. Als Gemeindewappen seit 1932 verwendet.

5
GURBRÜ
In Blau über einem grünen Dreiberg eine silberne Pflugschar.

Die Pflugschar erinnert an den Landbau. Das Wappen entstand 1920 und wurde 1943 von der Gemeinde genehmigt.

6
KRIECHENWIL
Gespalten von Silber mit einer halben ausgerissenen grünen Linde am Spalt, und von Blau mit einem silbernen Wellenbalken.

Die rechte Schildhälfte erinnert an die Amtszugehörigkeit; der Wellenbalken symbolisiert die Saane. Entstanden um 1922, durch die Gemeinde genehmigt 1943.

7
LAUPEN
In Silber eine ausgerissene grüne Linde mit sieben Blättern.

Redendes Wappen (Laub!) Es erscheint schon auf einem Siegel der Stadt Laupen von 1294 und ist seither – von Details abgesehen – unverändert geführt worden.

8
MÜHLEBERG
In Schwarz auf einem grünen Dreiberg ein goldenes Mühlrad.

Redendes Wappen. Es erscheint schon 1781 auf der Orgel. Die endgültige Form erhielt das Wappen 1943.

9
MÜNCHENWILER
In Silber ein schreitender Cluniacensermönch, mit beiden Händen eine ausgerissene dreiblättrige grüne Linde haltend.

Redendes Wappen, das zugleich an eine historische Situation erinnert: an das ehemalige Cluniazenserpriorat. Die Linde stammt aus dem Amtswappen. Das Wappen wurde 1922 geschaffen.

Amtsbezirk Laupen

1 Clavaleyres

2 Ferenbalm

3 Frauenkappelen

4 Golaten

5 Gurbrü

6 Kriechenwil

7 Laupen

8 Mühleberg

9 Münchenwiler

10
NEUENEGG
In Blau auf einem grünen Dreiberg ein goldener Stern.

Es ist das Wappen des alten Landgerichtes Sternenberg, wobei dessen silberner Stern in Gold gestaltet wurde. Die Gemeinde führt das Wappen seit 1911.

11
WILEROLTIGEN
In Rot auf einem goldenen Dreiberg ein grüner Rebstock an goldenem Stickel mit zwei goldenen Trauben und zwei grünen Blättern.

In Wileroltigen wurde früher Weinbau betrieben. Das Motiv soll schon um 1830 bekannt gewesen sein. Die heutige Form erhielt das Wappen 1920; bestätigt wurde es 1944.

10 Neuenegg

11 Wileroltigen

District de Moutier

De gueules au moûtier d'argent flanqué de deux tours du même.

Armes parlantes. On a relevé les armes de l'ancienne prévôté de Moutier-Grandval.

District de Moutier

1
BELPRAHON
Coupé d'azur à la maison d'argent surmontée d'un clocheton du même, ouverts du premier et essorés de gueules entre deux sapins de sinople fûtés de gueules, et d'argent à la fontaine de gueules accompagnée de deux étoiles du même.

Ces armoiries s'inspirent d'anciens modèles, mais leur forme actuelle n'a été fixée qu'en 1944. Les deux étoiles symbolisent les deux parties de la commune.

2
BÉVILARD
D'azur à une dague (poignard) d'argent emmanchée d'or posée en bande.

Il s'agit des armes des nobles de Bévilard telles que les atteste un sceau datant de 1349. Les couleurs ont été fixées en 1932, lorsque la commune a choisi ses armoiries.

3
CHAMPOZ
D'or à la gentiane d'azur tigée et feuillée de sinople sur un mont du même, au chef de gueules chargé d'un soleil d'argent mouvant d'une devise de sinople brochant sur le tout.

Le soleil et la gentiane suggèrent la beauté du paysage; la devise de sinople évoque le nom de la commune. Ces armoiries ont été créées en 1945/46.

4
CHÂTELAT
D'argent à une tour de sable sur un mont de trois coupeaux de sinople accompagnée de trois étoiles à six rais mal ordonnées de gueules.

Armoiries parlantes; les trois étoiles représentent les trois parties de la commune: le Châtelat, le Fornet et Moron. Ces armoiries ont été créées en 1913 et approuvées en 1945.

5
CORCELLES (BE)
Parti d'argent et de gueules à deux poissons posés en pal de l'un en l'autre.

Ces armoiries portent les couleurs du district et évoquent le Gaibiat, qui arrose la commune de ses eaux poissonneuses. Elles ont été créées en 1915 et approuvées en 1944.

6
COURT
D'azur au cor d'or virolé d'argent et attaché de gueules surmonté de trois pals d'or en retrait en chef.

Ces armes sont parlantes dans la mesure où l'on peut rapprocher «Court» de «cor». Depuis longtemps déjà le cor est l'emblème héraldique de la commune. Les trois pals en retrait évoquent l'ancienne paroisse de Minvilier qui s'étendait sur les villages de Court, de Chavanney et de Minvilier. Les armoiries actuelles ont été approuvées en 1945.

7
CRÉMINES
D'argent au chaudron à trois pieds de gueules.

Ce chaudron, qui servait à traiter la résine, évoque une industrie très répandue autrefois dans une région richement boisée. Cet emblème, ancien, a été homologué en 1946.

8
ESCHERT
D'argent à sept épis de gueules posés en bande (2, 3, 2).

Le nom «Eschert» évoque la terre qui vient d'être défrichée; les sept épis symbolisent la fécondité. Créées au début du siècle, ces armes ont été homologuées en 1946.

9
GRANDVAL
Coupé de gueules et d'or à la lettre G de l'un à l'autre.

Il s'agit de l'emblème du chapitre de Moutier-Grandval, mais dont la lettre G, noire à l'origine, a été brisée aux couleurs de l'écu. Approuvé par la commune en 1944.

District de Moutier

1 Belprahon

2 Bévilard

3 Champoz

4 Châtelat

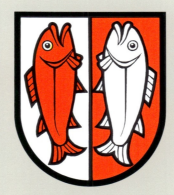

5 Corcelles (BE)

6 Court

7 Crémines

8 Eschert

9 Grandval

10
LOVERESSE
De gueules à la fasce d'argent chargée d'une rose du champ boutonnée d'or et barbée de sinople.

Les couleurs sont celles du district. Ces armes, dont on ne connaît pas l'origine, apparaissent au début de ce siècle; la commune les adopte en 1944.

11
MALLERAY
D'azur au coq hardi d'or barbé et crêté de gueules sur un mont de trois coupeaux d'argent accompagné au deuxième quartier d'une étoile du même.

Les armoiries des nobles de Malleray portaient le coq. Le mont à trois coupeaux et l'étoile d'argent sont des adjonctions récentes. Approuvées par la commune en 1944.

12
MONIBLE
D'argent à un pigeon d'azur tenant en son bec un fer à cheval de gueules sur un mont à un coupeau de sinople.

Ces armes, dont l'origine n'est pas établie, sont portées par la commune depuis le début du siècle. Elles ont été approuvées en 1944.

13
MOUTIER
De gueules au moûtier d'argent flanqué de deux tours du même, le tout maçonné de sable.

Armes de l'ancienne prévôté de Moutier-Grandval. A la différence des armes du district, celles de la commune portent un moûtier à façade maçonnée. Le conseil communal a approuvé la forme actuelle en 1944.

14
PERREFITTE
Parti d'argent et de gueules à deux clefs de l'un en l'autre.

Les clefs de saint Pierre, brisées aux couleurs du district, semblent établir une parenté étymologique avec le nom de la localité. Connues depuis le début du siècle, ces armoiries ont été adoptées par la commune en 1944.

15
PONTENET
De gueules à un pont à trois arches d'argent surmonté d'une étoile à six rais du même.

Armoiries parlantes, aux couleurs du district, apparues au tournant du siècle et adoptées en 1944.

16
REBÉVELIER
D'or au cerf passant de sable ramé et onglé de gueules sur un mont de cinq coupeaux de sinople.

D'origine inconnue, mais en usage depuis le début du siècle, ces armoiries ont été reconnues officiellement en 1945.

17
RECONVILIER
D'argent à la bande ondée de sable accompagnée en chef d'une étoile du même.

Ces armoiries sont celles de la famille Zurkinden, descendant, dit-on, des nobles de Chaindon. Homologuées en 1944, elles étaient en usage plusieurs décennies auparavant.

18
ROCHES (BE)
Parti de gueules et d'argent à un moûtier flanqué de deux tours de l'un à l'autre.

La frontière séparant la partie catholique de la partie réformée de l'ancien Evêché de Bâle passait autrefois à Roches; c'est ce que suggèrent la partition de l'écu et l'alternance des couleurs. Créé et adopté par la commune en 1944.

District de Moutier

10 Loveresse

11 Malleray

12 Monible

13 Moutier

14 Perrefitte

15 Pontenet

16 Rebévelier

17 Reconvilier

18 Roches (BE)

19
SAICOURT
D'or au pal de gueules chargé d'une crosse d'abbé d'or sur un mont de trois coupeaux de sinople.
Les trois coupeaux du mont symbolisent les hauteurs de Montbautier, de Mouré et de la Bérois. La crosse d'abbé rappelle que l'ancienne abbaye des Prémontrés était sise sur le territoire de la commune de Saicourt. Créé et adopté par la commune en 1944.

20
SAULES (BE)
D'argent à trois épis de gueules posés, deux en sautoir, le troisième en pal brochant sur le tout.
La qualité du blé cultivé à Saules était réputée excellente. C'est cette tradition locale qu'évoque l'emblème créé au début du siècle et approuvé par la commune en 1945.

21
SCHELTEN · LA SCHEULTE
In Silber auf einem grünen Dreiberg, eine grüne Eiche mit roten Früchten, überdeckt von einem blauen Wellenbalken.
Berge und Eichenwälder, dazu der Fluss Schelten ergaben das Wappenbild. Geschaffen wurde es um die Jahrhundertwende und von der Gemeinde 1944 angenommen.
D'argent au chêne tigé et feuillé de sinople et fruité de gueules, sur un mont de trois coupeaux de sinople, à la fasce ondée d'azur brochant sur l'arbre.
Ces armoiries évoquent les forêts de chênes de la commune, la rivière de la Scheulte et la région accidentée où se trouve la commune. Elles ont été créées au début du siècle et adoptées en 1944.

22
SEEHOF · ELAY
In Silber auf einem grünen Dreiberg eine stehende rote Kuh.
Die Viehzucht auf den vielen ausgedehnten Höfen bestimmte das Wappen. Es entstand um 1900; bereinigt und angenommen wurde es 1945.
D'argent à la vache arrêtée de gueules sur un mont de trois coupeaux de sinople.
Ces armoiries rappellent l'élevage de bétail pratiqué dans les fermes de la commune qui sont nombreuses et disséminées. Elles apparaissent au début du siècle et sont mises au point et approuvées par la commune en 1945.

23
SORNETAN
De gueules au chevron d'or surmonté de trois étoiles à six rais mal ordonnées du même sur une rivière ondée d'azur en pointe.
Ces armoiries sont suggestives. La Sorne y est évoquée en pointe, tandis que les trois étoiles représentent les fermes sises aux confins de la commune. Les armes sont connues depuis le début du siècle; elles ont été adoptées par l'autorité communale en 1945.

24
SORVILIER
D'argent à deux épis de gueules tigés et feuillés de sinople sur un mont de trois coupeaux du même, surmontés d'une étoile à six rais de gueules.
Armoiries anciennes, qui sont attribuées à une famille notable de l'endroit, les Germiquet. Attestées au XIXe siècle déjà comme armoiries communales. Reconnues par la commune en 1944.

25
SOUBOZ
D'or à l'arbre de sinople mouvant d'une terrasse du même au taureau passant de gueules brochant sur l'arbre.
L'arbre et le taureau sont le produit d'interprétations étymologiques: bô = bœuf; boz = bois. Introduites au début du siècle, ces armoiries ont été définitivement adoptées par la commune en 1945.

26
TAVANNES
D'azur au coq hardi d'or crêté et barbé de gueules sur un mont de trois coupeaux de sinople.
Les armes d'une ancienne famille noble de Tavannes sont attestées dès 1394; au XIXe siècle elles apparaissent comme armes de la localité. La commune les adopte officiellement en 1944.

27
VELLERAT
D'or au coq hardi de gueules sur un mont de trois coupeaux de sinople.
Allusion au sobriquet traditionnel des habitants, que l'on nomme, dans la contrée, les «Poulats», les jeunes coqs.

District de Moutier

19 Saicourt

20 Saules (BE)

21 Schelten · La Scheulte

22 Seehof · Elay

23 Sornetan

24 Sorvilier

25 Souboz

26 Tavannes

27 Vellerat

District de La Neuveville

De gueules à deux clefs d'argent en sautoir sur un mont de trois coupeaux de sinople.

Le district de La Neuveville, créé en 1846, a adopté les armoiries de la ville de La Neuveville avec un changement distinctif: Le mont de trois coupeaux est de sinople.

DISTRICT DE LA NEUVEVILLE

1
DIESSE
De gueules au sautoir d'argent chargé de cinq feuilles renversées de tilleul du premier.

Ces armoiries relèvent celles de la famille des nobles de Diesse. Figurant comme armoiries de la Montagne de Diesse à la fin du XVIIIe siècle, elles sont adoptées par la commune de Diesse en 1946.

2
LAMBOING
D'azur au chevron ployé d'argent accompagné de trois croisettes du même, en pointe un mont de trois coupeaux du second.

Au début du XXe siècle, Lamboing a relevé, en les brisant de trois coupeaux, les armes des sires de Vaumarcus qui tinrent le village en fief au cours des XVe et XVIe siècles. En 1946, les armoiries ont été homologuées par le conseil municipal.

3
LA NEUVEVILLE
De gueules à deux clefs d'argent en sautoir sur un mont de trois coupeaux de sable.

Les motifs de la clef et des monts figurent déjà sur un sceau de 1338. En 1497, l'empereur Maximilien Ier a concédé à La Neuveville ses armoiries, telles qu'elles sont connues aujourd'hui.

4
NODS
D'or à un soc accompagné de deux couteaux de charrue renversés, le tout de sable.

Ces emblèmes de l'agriculture figurent depuis le XVIIIe siècle sur la façade du presbytère. Homologuées en 1946 comme armoiries de la commune.

5
PRÊLES
D'or à un chaudron de sable.

Le chaudron rappelle une industrie du bon vieux temps, le géminage ou récolte de la poix (résine) très développé dans ces contrées. Connues dès le début du XXe siècle, ces armoiries ont été adoptées par la commune en 1946.

District de La Neuveville

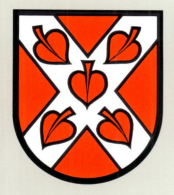  

1 Diesse   2 Lamboing   3 La Neuveville

4 Nods   5 Prêles

Amtsbezirk Nidau

In Silber vom linken Schildrand eine rote Bärentatze.

Das Wappen der Landvogtei Nidau ist wahrscheinlich von der Stadt Bern gegen Ende des 14. Jahrhunderts verliehen worden. Das Wappen ging 1803 an den Amtsbezirk über.

AMTSBEZIRK NIDAU

1
AEGERTEN
In Gold ein schwarzer Löwe, überdeckt
von einem blauen Wellenbalken.

Das in Anlehnung an das Wappen der Ritter
von Aegerten (Egerdon) geschaffene Wappen
wurde 1929 von der Gemeinde angenommen.

2
BELLMUND
Geviert von Rot und Silber, überdeckt von
einem rechtsschräg gestellten silbernen
Krummstab, begleitet in Zwei und Drei
von zwei roten Sonnen.

Die Vierteilung erinnert daran, dass Bellmund
einer der 12 «Viertel» des Landgerichtes Nidau
war. Die Sonne nimmt Bezug auf den Namen,
der angeblich von einem keltischen Sonnengott
Belenus herkommt. Der Krummstab weist
darauf hin, dass Bellmund im 12. Jahrhundert
Sitz eines Cluniazenserpriorates war. Die
Gemeinde führt das Wappen seit 1941.

3
BRÜGG
In Silber eine schwarze Brücke mit zwei
Bogen auf gewelltem blauen Schildfuss.

Redendes Wappen. Geschaffen 1917; die
heutigen Farben wurden 1945 festgelegt.

4
BÜHL
In Rot auf einem grünen Hügel ein
goldener Rebstock mit einer Ranke, zwei
Blättern und zwei Trauben.

Der Hügel ist redend; der Rebstock nimmt
Bezug auf ehemaligen Rebbau. Auf Grund einer
älteren Tradition 1941 festgelegt.

5
EPSACH
Gespalten von Rot mit einer silbernen
römischen Säule und von Silber mit drei
roten Ringen.

Die Säule erinnert an den römischen Ursprung
des Ortes, die drei Ringe an einen früheren
Besitzer, Thüring von Ringoltingen. Geschaffen
und angenommen 1945.

6
HAGNECK
Rot mit goldenem Schildrand, überdeckt
von einem blauen Wellenbalken.

Das Wappen versucht den Begriff «eingehagte
Ecke» bildlich darzustellen. Der Wellenbalken
weist auf den Hagneckkanal hin. Geschaffen
1925.

7
HERMRIGEN
In Rot ein pfahlweis gestelltes silbernes
Schwert mit goldenem Griff, begleitet von
zwei goldenen Eichenblättern.

Hermrigen = Herimaringen, bei den Leuten des
Herimar. Heri = Schwert; mar = berühmt. Das
Eichenlaub deutet den Ruhm an. 1939
geschaffen.

8
IPSACH
Geteilt von Gold mit einer liegenden
blauen Sichel, und von Blau mit einem
silbernen Fisch (Egli).

Ackerbau und Fischerei bildeten die wichtigsten
Erwerbszweige. Geschaffen 1944.

9
JENS
In Rot über einem erniedrigten silbernen
Querbalken eine goldbesamte silberne
Rose mit grünen Kelchzipfeln.

Die Rose berichtet von der sonnigen Lage; der
weisse Balken im Schildfuss erinnert an die alte
Römerstrasse. Geschaffen 1939.

1 Aegerten

2 Bellmund

3 Brügg

4 Bühl

5 Epsach

6 Hagneck

7 Hermrigen

8 Ipsach

9 Jens

10
LIGERZ
In Blau auf einem grünen Dreiberg ein silbernes Hochkreuz, begleitet rechts von einem goldenen Rebstock mit goldener Traube, links von einem goldenen Rebstock mit goldenem Blatt, beide Stöcke an goldenem Stickel; am linken Schildrand ein kleines silbernes Rebmesser («Rebmutz»).

Dreiberg und Rebstöcke weisen auf den Weinbau hin. Das Motiv wurde schon vor langer Zeit in der Kirche von Ligerz angebracht, zusammen mit dem Kreuz. Das Wappen wurde 1934 von der Gemeinde angenommen.

11
MERZLIGEN
In Silber auf grünem Boden eine (natürliche) grüne Linde.

Das Wappen zeigt die Dorflinde, nach der auch der Name volkstümlich als «Märzlinde» gedeutet wird. Von der Gemeinde 1939 angenommen.

12
MÖRIGEN
In Blau zwei gekreuzte silberne Steinbeile mit goldenen Halmen.

Die reichen Pfahlbaufunde ergaben das Wappenmotiv. Geschaffen und angenommen 1944.

13
NIDAU
In Silber ein roter Krebs und eine blaue Forelle mit roten Tupfen, pfahlweis nebeneinander.

Die einst ganz von Wasser umgebene Stadt Nidau führt die beiden Wassertiere seit vielen Jahrhunderten im Wappen; das älteste Siegel datiert von 1363.

14
ORPUND
In Rot ein goldener Flösserhaken, gekreuzt mit einem goldenen Ruder.

Die Werkzeuge der Wasserfahrer sind gegeben durch die Lage am Wasser. Das Wappen ist wohl am Anfang dieses Jahrhunderts entstanden.

15
PORT
In Silber ein schwarzer römischer Helm.

Der prachtvolle Helm, der 1890 in der Zihl gefunden wurde, berichtet von der Zeit der Römerherrschaft in unserem Lande. Die Gemeinde hat das Wappen 1944 angenommen.

16
SAFNERN
Geteilt, oben in Rot ein dreimal von Gold und Schwarz gesparrter Pfahl, unten in Gold über einem grünen Dreiberg ein blauer Wellenbalken.

Die obere Schildhälfte zeigt das Wappen von Gottstadt (und der Grafen von Nidau), die untere ist beschreibend: Über dem Büttenberg (Dreiberg) goldene Getreidefelder, die von der Aare durchflossen werden. Das Wappen entstand 1914, wurde aber 1945 noch ergänzt.

17
SCHEUREN
In Blau drei (2, 1) goldene Scheunen mit Strohdächern.

Redendes Wappen. Es entstand 1933.

18
SCHWADERNAU
In Rot zwei gekreuzte silberne Turnierlanzen, überhöht von einem silbernen Stern.

Der Chronist Konrad Justinger berichtet von einem «ritterlichen Fechten», das sich 1376 bei Schwadernau zugetragen hat. Das Wappen entstand 1926.

Amtsbezirk Nidau

10 Ligerz

11 Merzligen

12 Mörigen

13 Nidau

14 Orpund

15 Port

16 Safnern

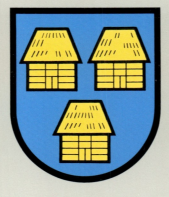
17 Scheuren

18 Schwadernau

19
STUDEN
In Gold eine ausgerissene rote Weide mit grünen Zweigen, aus der oben ein grünes Tännchen wächst.

Die Figur geht auf eine Naturmerkwürdigkeit zurück und ist zugleich redend. Von der Gemeinde 1911 angenommen.

20
SUTZ-LATTRIGEN
In Rot ein silberner Anker, begleitet von zwei goldenen Sternen.

Der Anker weist auf die Schiffahrt hin; die zwei Sterne bedeuten die zwei Ortschaften der Gemeinde. Das Wappen entstand zu Anfang dieses Jahrhunderts.

21
TÄUFFELEN
In Blau mit goldenem Schildrand ein silbernes Monogramm F, unten in einer Pfeilspitze endigend.

Das Monogramm, gebildet aus den Buchstaben T und F wurde 1923 eingeführt und 1944 in der heutigen Fassung genehmigt.

22
TÜSCHERZ-ALFERMÉE
In Rot ein silberner Pfahl, begleitet von zwei silbernen Trauben mit silbernem Blatt, und überdeckt von einem grünen Dreiberg, auf dem ein blaues Rebmesser («Rebmutz») steht.

Hinweis auf den wichtigsten Erwerbszweig, den Weinbau. Von der Gemeinde 1944 angenommen.

23
TWANN
In Rot auf einem grünen Dreiberg ein goldener Rebstock mit zwei Blättern und zwei Trauben, begleitet von zwei kleinen, gegengewendeten silbernen Rebmessern.

Hinweis auf den überaus wichtigen Weinbau. Das Wappen erscheint schon 1690 auf einer Taufkanne; in der heutigen Form wurde es 1944 angenommen.

24
WALPERSWIL
In Blau ein silbernes W, oben und unten begleitet von einer goldenen Traube.

Die Trauben erinnern an den früher bedeutenden Weinbau. Die Initiale W stammt aus einem Siegel von 1334; der Buchstabe bezeichnete schon damals die Gemeinde. Diese hat das Wappen 1921 angenommen.

25
WORBEN
In Blau eine goldene Rohrgarbe mit schwarzen Kolben.

Rohr und Kolben weisen auf die vor der Juragewässerkorrektion sumpfige Landesnatur hin. Schon am Anfang des Jahrhunderts bekannt, wurde das Wappen 1945 beschlossen.

Amtsbezirk Nidau

19 Studen

20 Sutz-Lattrigen

21 Täuffelen

22 Tüscherz-Alfermée

23 Twann

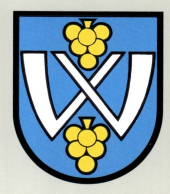
24 Walperswil

25 Worben

Amtsbezirk Niedersimmental

In Rot eine zweitürmige silberne Burg.

Das Wappen der Freiherren von Weissenburg wurde das Ehrenzeichen der Landschaft Niedersimmental und des späteren Amtes Niedersimmental.

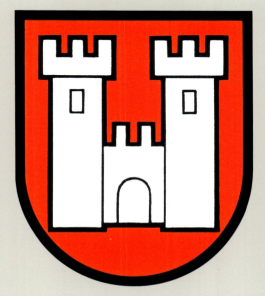

AMTSBEZIRK NIEDERSIMMENTAL

1
DÄRSTETTEN
In Rot eine zweitürmige silberne Burg, darüber eine gefüllte, silberne, goldbesamte Rose mit grünen Kelchzipfeln.

Burg: Wappen der Landschaft; Rose: Attribut Unserer Lieben Frau, der Patronin des Gotteshauses Därstetten. Geschaffen 1924, von der Gemeinde angenommen 1929.

2
DIEMTIGEN
Gespalten von Rot und Silber, überdeckt von einer zweitürmigen Burg in gewechselten Farben.

Motiv und Farben sind dem Landschaftswappen entnommen. Geschaffen wurde das Wappen 1924, von der Gemeinde angenommen 1945.

3
ERLENBACH IM SIMMENTAL
In Silber eine zweitürmige rote Burg.

Das Wappen der Landschaft in gewechselten Farben. Das Wappen wurde 1922 angenommen.

4
NIEDERSTOCKEN
Geteilt von Rot mit einer silbernen, goldbesamten Rose mit grünen Kelchzipfeln, und von Silber mit einem schwarzen Baumstumpf («Stock»), begleitet von zwei roten Sternen.

Die Rose erinnert an die frühere Verbindung zum Landgericht Seftigen; die zwei Sterne betonen, dass es zwei Stocken gibt. Der «Stock» ist redend, ebenfalls seine Anordnung in der untern Schildhälfte. Geschaffen 1941.

5
OBERSTOCKEN
Geteilt von Silber mit einem schwarzen Baumstumpf («Stock»), begleitet von zwei roten Sternen, und von Rot mit einer silbernen, goldbesamten Rose mit grünen Kelchzipfeln.

Die Rose ist dem Wappen des Landgerichts Seftigen entnommen; die Sterne erinnern daran, dass es zwei Stocken gibt. Der «Stock» ist redend; ebenfalls seine Anordnung in der obern Schildhälfte. Geschaffen 1941.

6
OBERWIL IM SIMMENTAL
Geteilt von Silber mit einer zweitürmigen roten Burg, und von Grün.

Die Burg erinnert an die Zugehörigkeit zum Amt Niedersimmental; die Anordnung in der obern Schildhälfte bezieht sich auf den Namen. Geschaffen 1939.

7
REUTIGEN
In Blau ein goldenes Hauszeichen, H-förmig mit quergestelltem Hochkreuz.

Wappen des Hans Schütz, der 1480 die Herrschaft Reutigen besass. Die Gemeinde hat das Wappen 1936 angenommen.

8
SPIEZ
In Silber drei blaue Spitzen.

Das Wappen wird als redend gedeutet; es wird aber auch an eine bildliche Darstellung der Gegend mit Buchten und Hügelzügen gedacht. Das Wappen wird seit Jahrhunderten geführt.

9
WIMMIS
In Rot eine zweitürmige silberne Burg (mit Tor).

Das Wappen der Freiherren von Weissenburg, dann der Landvogtei Wimmis. Von alters her bekannt, 1945 offiziell eingeführt.

Amtsbezirk Niedersimmental

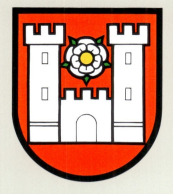
1 Därstetten

2 Diemtigen

3 Erlenbach im Simmental

4 Niederstocken

5 Oberstocken

6 Oberwil im Simmental

7 Reutigen

8 Spiez

9 Wimmis

Amtsbezirk Oberhasli

In Gold ein goldbewehrter schwarzer Adler mit goldenen Beinen und goldener Kaiserkrone.

Das Wappen mit dem Adler, dem Symbol der Reichsfreiheit, erscheint bereits auf einem Siegel des Reichslandes Hasli von 1296. Das Ehrenzeichen wurde ununterbrochen geführt bis auf den heutigen Tag.

Amtsbezirk Oberhasli

1
GADMEN
In Gold ein roter Balken, begleitet oben von einem schwarzen Adler mit goldener Kaiserkrone, unten von einer schwarzen Alphütte.

Der Reichsadler betont die Zugehörigkeit zum Amt Oberhasli; der Balken symbolisiert die Sustenstrasse, und die Alphütte nimmt Bezug auf den Namen. Von der Gemeinde angenommen 1946.

2
GUTTANNEN
In Gold eine ausgerissene schwarze Tanne mit rotem Stamm, oben begleitet von zwei roten Sternen.

Redendes Wappen. Die zwei Sterne versinnbildlichen die beiden Bäuerten Guttannen und Boden. Von der Gemeinde angenommen 1945.

3
HASLIBERG
In Gold über einem schwarzen Fünfberg vier (1, 2, 1) rote Sterne.

Der Fünfberg nimmt Bezug auf den Namen; die vier Sterne versinnbildlichen die Ortsgemeinden Reuti, Goldern, Wasserwendi und Hohfluh. Von der Gemeinde angenommen 1945.

4
INNERTKIRCHEN
In Rot eine goldene gestürzte Spitze von der Mitte aus, belegt mit einem schwarzen Adler mit goldener Kaiserkrone.

Der Adler aus dem Amtswappen steht über einem stilisierten «Tal», das die Örtlichkeit versinnbildlicht. Von der Gemeinde angenommen 1946.

5
MEIRINGEN
In Gold ein goldbewehrter schwarzer Adler mit goldenen Beinen und goldener Kaiserkrone.

Das Wappen des Amtsbezirkes, dessen Hauptort Meiringen ist. Von der Gemeinde angenommen 1946.

6
SCHATTENHALB
In Schwarz eine goldene Spitze, belegt mit einem schwarzen Adler mit goldener Kaiserkrone und begleitet von fünf (3, 2) goldenen Sternen.

Der Adler betont die Zugehörigkeit zum Amtsbezirk Oberhasli, die fünf Sterne kennzeichnen die Bäuerten Geissholz, Falchern, Lugen, Schwendi und Willigen. Von der Gemeinde angenommen 1946.

Amtsbezirk Oberhasli

1 Gadmen

2 Guttannen

3 Hasliberg

4 Innertkirchen

5 Meiringen

6 Schattenhalb

Amtsbezirk Obersimmental

In Gold ein halber schwarzer Bär.

Das altüberlieferte Wappen geht ohne Zweifel in die Frühzeit der Verbindung Berns mit dem Obersimmental zurück.

Amtsbezirk Obersimmental

1
BOLTIGEN
In Silber auf einem roten Dreiberg ein wachsender schwarzer Bär.

In Anlehnung an das Amtswappen geschaffen 1945.

2
LENK
Geteilt von Grün mit einem silbernen Halbkreis am obern Schildrand, aus dem strahlenförmig sieben gewellte silberne Quellen fliessen, und von Rot mit einer silbernen Kunkel und einem silbernen Schwert gekreuzt.

In der obern Schildhälfte sind die sieben Quellen der Simme dargestellt. Schwert und Spindel erinnern an einen sagenhaften Kampf der Lenker Frauen gegen fremde Eindringlinge. Nach ältern Vorlagen von der Gemeinde 1945 angenommen.

3
ST. STEPHAN
In Silber auf einem grünen Hügel ein purpurgekleideter St. Stephan mit goldenem Nimbus, rechts ein rotes Evangelienbuch, links einen grünen Palmzweig und im aufgeschlagenen Mantel die silbernen Steine haltend.

Redendes Wappen. Im späten 19. Jahrhundert geschaffen, von der Gemeinde 1930 angenommen.

4
ZWEISIMMEN
In Gold ein halber schwarzer Bär.

Seit Beginn des 18. Jahrhunderts führt Zweisimmen das gleiche Wappen wie die frühere Landvogtei Zweisimmen.

Amtsbezirk Obersimmental

1 Boltigen

2 Lenk

3 St. Stephan

4 Zweisimmen

Amtsbezirk Saanen

In Rot auf silbernem Dreiberg ein schreitender, silberner Kranich mit goldenem Schnabel und goldenen Beinen.

Das Wappen der Grafen von Greyerz mit dem beigefügten silbernen Dreiberg wurde von der Landschaft – dem späteren Amtsbezirk – Saanen übernommen.

AMTSBEZIRK SAANEN

1
GSTEIG
Gespalten von Rot mit einem halben, schreitenden, silbernen Kranich mit goldenem Schnabel und goldenem Bein auf einem halben silbernen Dreiberg, und von Blau mit einem goldenen Zinnenturm.

Rechte Schildhälfte: Bezug auf die Landschaft Saanen. Linke Schildhälfte: Ein Römerkastell am Sanetschweg hat der Gemeinde den französischen Namen Châtelet (1312 Chastalet) gegeben. Das Wappen wurde von der Gemeinde 1928 angenommen.

2
LAUENEN
Gespalten von Rot mit einem halben, schreitenden, silbernen Kranich mit goldenem Schnabel und goldenem Bein auf einem halben silbernen Dreiberg, und von Blau mit einem goldenen Schlüssel.

Rechte Schildhälfte: Bezug auf die Landschaft Saanen. Linke Schildhälfte: Der Schlüssel ist das Attribut des Lauener Kirchenpatrons Petrus. Von der Gemeinde 1943 beschlossen.

3
SAANEN
In Rot auf einem silbernen Dreiberg ein schreitender silberner Kranich mit goldenem Schnabel und goldenen Beinen.

Der Hauptort führt das gleiche Wappen wie der Amtsbezirk, die alte Landschaft Saanen.

Amtsbezirk Saanen

1 Gsteig

2 Lauenen

3 Saanen

Amtsbezirk Schwarzenburg

In Silber auf grünem Dreiberg ein
schwarzer Löwe.

Das Wappen einer Familie «von Grasburg»
wurde zum Wappen der Gemeinen Herrschaft,
des nachmaligen Amtes Schwarzenburg.

Amtsbezirk Schwarzenburg

1
ALBLIGEN
In Silber ein halber roter Bracke mit goldenem Halsband.

Ursprung und Deutung sind nicht bekannt; als Ortswappen seit dem Anfang des 18. Jahrhunderts erwähnt.

2
GUGGISBERG
In Silber auf einem grünen Zweiberg ein Mädchen in Guggisbergertracht, rechts eine gestielte rote Rose mit zwei grünen Blättern haltend.

Das Mädchen ist das Vreneli aus dem alten Volkslied. Der Zweiberg erinnert wohl an die weithin sichtbaren Erhebungen Schwendelberg und Guggershörnli. Von der Gemeinde beschlossen 1909.

3
RÜSCHEGG
In Gold eine aus dem linken Obereck wachsende schwarze Löwentatze, eine schrägrechtsgestellte grüne Tanne mit rotem Stamme haltend.

Die Tanne erinnert an den Waldreichtum der Gemeinde. Die Löwentatze stammt aus dem Amtswappen. Geschaffen und angenommen wurde das Gemeindewappen 1941.

4
WAHLERN
In Silber auf einem roten Dreiberg eine dreitürmige schwarze Burg, überhöht von einem schwarzen Wellensparren.

Ein beschreibendes Wappen: Der Wellensparren bezeichnet die Gewässer Sense und Schwarzwasser; die Burg erinnert an das Dorf Schwarzenburg. Geschaffen und angenommen 1901/02.

1 Albligen　　2 Guggisberg　　3 Rüschegg

4 Wahlern

Amtsbezirk Seftigen

In Rot eine eingebogene silberne Spitze, besteckt mit einer silbernen, goldbesamten Rose mit grünen Kelchzipfeln.

Das Wappen des Berner Geschlechtes «von Seftigen» wurde zum Ehrenzeichen des Landgerichtes und dann des Amtsbezirks Seftigen.

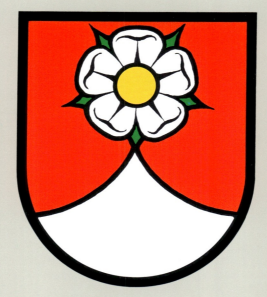

AMTSBEZIRK SEFTIGEN

1
BELP
Geviert von Rot und Silber.

Das Wappen der ehemaligen Freiherrschaft Belp ist schon um 1780 als Ortswappen nachgewiesen; seit dem 19. Jahrhundert wird es als Gemeindewappen geführt.

2
BELPBERG
Rechtsschräg geteilt von Silber mit einem schwarzen brennenden Ast mit roter Flamme, und von Grün.

Auf dem Belpberg war eine der wichtigsten Wachtfeuerstätten eingerichtet. – Das Wappen wurde 1945 geschaffen und angenommen.

3
BURGISTEIN
Linksschräg geteilt von Silber mit einem wachsenden roten Hirsch an der Teilung, und von Schwarz.

Das Wappen des alten Rittergeschlechts «von Burgistein» wird um 1780 als Ortswappen genannt und seit gut 50 Jahren als Gemeindewappen verwendet.

4
ENGLISBERG
Geteilt von Gold mit einem wachsenden blauen Löwen, und von Rot.

Das Wappen der Herren von Englisberg, im 18. Jahrhundert als Ortswappen erwähnt, wurde 1945 von der Gemeinde angenommen.

5
GELTERFINGEN
Gespalten von Rot und Silber, überdeckt von einem schwebenden Zehnberg in gewechselten Farben.

In Anlehnung an das Wappen der Freiherren von Kramburg, deren Stammburg auf Gemeindeboden stand, wurde das Wappen 1941 geschaffen und von der Gemeinde angenommen.

6
GERZENSEE
In Blau ein fliegender silberner Engel mit goldenem Haar, in der Rechten eine goldene Waage, in der Linken einen grünen Palmzweig schräg haltend.

Bedeutung und Ursprung des Wappens sind nicht bekannt. Es wird bereits 1860 verwendet; von der Gemeinde 1945 offiziell angenommen.

7
GURZELEN
Gespalten von Rot und von Schwarz mit einem silbernen Linksschrägbalken.

Das Wappen wird um 1780 erwähnt. Seit Anfang dieses Jahrhunderts wird es als Gemeindewappen verwendet.

8
JABERG
Durch Wellenschnitt rechtsschräg geteilt von Silber mit einer goldbesamten, roten Rose mit grünen Kelchzipfeln, und von Blau mit einer goldbesamten, silbernen Rose mit grünen Kelchzipfeln.

In Anlehnung an das Wappen einer ausgestorbenen Familie «von Jaberg» wurde das Wappen 1945 geschaffen und von der Gemeinde angenommen. Die zwei Rosen symbolisieren die zwei Gemeindeteile.

9
KAUFDORF
Geteilt von Rot mit einem silbernen Widderkopf und von Silber mit einem grünen Kleeblatt.

Ursprung und Bedeutung sind unbekannt. Das Wappen erscheint schon um 1780; als Gemeindewappen seit Anfang dieses Jahrhunderts verwendet.

Amtsbezirk Seftigen

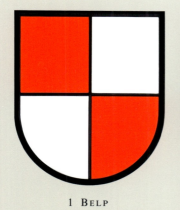
1 Belp

2 Belpberg

3 Burgistein

4 Englisberg

5 Gelterfingen

6 Gerzensee

7 Gurzelen

8 Jaberg

9 Kaufdorf

10
KEHRSATZ
In Blau zwei goldene Rechtsschrägleisten, oben begleitet von einem goldenen Stern.

Das Wappen entstand wohl in Anlehnung an dasjenige der Familie Hackbrett, die eine Zeitlang die Herrschaft Kehrsatz besass. Von der Gemeinde 1937 angenommen.

11
KIENERSRÜTI
In Grün ein silberner Pfahl, belegt mit zwei gekreuzten schwarzen brennenden Ästen mit roten Flammen.

Das Wappen nimmt Bezug auf den Namen: Grün bezeichnet die «Rüti», das gerodete Land; die beiden Fackeln stellen brennendes «Kienholz» dar. Geschaffen und angenommen 1941.

12
KIRCHDORF (BE)
In Silber eine eingebogene rote Spitze bis zum Schildrand, belegt mit einem silbernen Metzgerbeil und begleitet von zwei schwarzen Stierköpfen mit roten Hörnern, Nasenringen und Zungen.

Die eingebogene Spitze und die Schildfarben erinnern an das Amtswappen; Stierköpfe und Beil an einen alten Übernamen der Kirchdorfer. Das Wappen wurde von der Gemeinde 1911 angenommen.

13
KIRCHENTHURNEN
In Rot ein silberner Zinnenturm.

Redendes Wappen («Turn» mundartlich für Turm). Es erscheint schon um 1780; als Gemeindewappen angenommen 1945.

14
LOHNSTORF
Rechtsschräg geteilt von Silber und Rot mit zwei Scheiben in gewechselten Farben.

Die Herkunft des Wappens ist nicht bekannt, ebenso fehlt eine Deutung. Es erscheint um 1780 und wird 1945 als Gemeindewappen angenommen.

15
MÜHLEDORF (BE)
In Rot eine eingebogene silberne Spitze, besteckt mit einem silbernen Mühlrad.

Das Wappen erinnert gleichermassen an den Ortsnamen wie an die Amtszugehörigkeit. Von der Gemeinde angenommen 1945.

16
MÜHLETHURNEN
In Rot über einem silbernen halben Mühlrad ein silberner Zinnenturm.

Redendes Wappen («Turn» mundartlich für Turm). Geschaffen 1923, in der heutigen Form 1945 angenommen.

17
NIEDERMUHLERN
In Blau ein silberner Rechtsschrägbalken, belegt mit drei blauen Sternen, nach der Figur gestellt.

In Anlehnung an das Wappen des bernischen Geschlechtes «von Muhlern». Als Gemeindewappen 1945 angenommen.

18
NOFLEN
In Silber über einem grünen Hügel eine goldbesamte, rote Rose mit grünen Kelchzipfeln zwischen zwei roten Ochsenhörnern.

Der Hügel bezeichnet die Höhenlage; die Hörner weisen hin auf die Zugehörigkeit zur Kirchgemeinde Kirchdorf; die Rose ist dem Amtswappen entnommen. Geschaffen und angenommen 1941.

Amtsbezirk Seftigen

10 Kehrsatz

11 Kienersrüti

12 Kirchdorf (BE)

13 Kirchenthurnen

14 Lohnstorf

15 Mühledorf (BE)

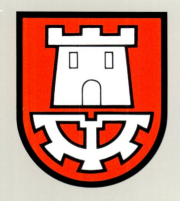
16 Mühlethurnen

17 Niedermuhlern

18 Noflen

19
RIGGISBERG
In Blau auf einem grünen Dreiberg eine goldene Kaiserkrone.

Der Name Riggisberg wurde gelegentlich von «Mons regis» (Berg des Königs) abgeleitet, was dann zum Wappenbild geführt hat. Schon um 1720 nachweisbar, wurde das Wappen 1941 angenommen.

20
RÜEGGISBERG
In Rot auf einem grünen Dreiberg zwei grüne Tannen, oben begleitet von einem goldenen Stern.

Das Wappen soll die bergige, waldreiche Landschaft versinnbildlichen. Seit Anfang dieses Jahrhunderts im Gebrauch.

21
RÜMLIGEN
Geteilt von Silber und Rot mit zwei Sternen in gewechselten Farben.

Das Geschlecht «von Rümligen» trug das Wappen in umgekehrten Farben. Die Gemeinde führt es seit 1941.

22
RÜTI BEI RIGGISBERG
In Blau auf einem grünen Dreiberg ein goldener zweiröhriger Brunnen, in silbernem Schildhaupt drei grüne Tannen auf drei grünen Hügeln.

Der Brunnen erinnert an das Gurnigelbad, die Tannen an den Waldreichtum. Entstanden um 1920.

23
SEFTIGEN
In Rot eine eingebogene silberne Spitze, besteckt mit einer goldbesamten, silbernen Rose mit grünen Kelchzipfeln.

Wappen des Berner Geschlechtes «von Seftigen», dann des Landgerichtes Seftigen. Als Ortswappen schon um 1780 verwendet.

24
TOFFEN
In Rot ein schreitender silberner Schwan mit goldenem Schnabel und goldenen Füssen.

Herkunft und Bedeutung sind ungeklärt; als Gemeindewappen angenommen 1945.

25
UTTIGEN
In Blau ein goldener Schifferstachel, gekreuzt mit einem goldenen Ruder.

«Unsere Altvordern waren Schiffer und Flösser», so wurde das Wappen erklärt, als man es 1912 schuf.

26
WATTENWIL
In Rot drei goldene Flügel.

Anlehnung an das Wappen der Berner Familie «von Wattenwyl». Von der Gemeinde 1927 angenommen.

27
ZIMMERWALD
In Silber auf einem grünen Dreiberg drei grüne Tannen.

Redendes Wappen, schon um 1780 bekannt.

19 Riggisberg

20 Rüeggisberg

21 Rümligen

22 Rüti bei Riggisberg

23 Seftigen

24 Toffen

25 Uttigen

26 Wattenwil

27 Zimmerwald

Amtsbezirk Signau

Fünfmal gespalten von Silber und Blau, überdeckt von zwei roten Querbalken.

Das Wappen der Freiherren von Signau wurde zum Wappen der Landvogtei und 1803 des Amtsbezirks Signau.

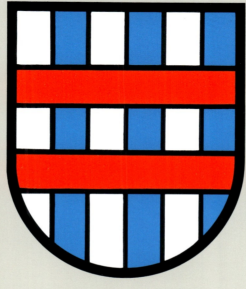

Amtsbezirk Signau

1
EGGIWIL
In Rot eine ausgerissene grüne Tanne, oben begleitet von zwei goldenen Sternen.

In Anlehnung an das Wappen der Landschaft Emmental im frühen 19. Jahrhundert geschaffen und seither als Gemeindewappen geführt.

2
LANGNAU IM EMMENTAL
In Rot auf einem grünen Dreiberg drei grüne Tannen mit goldenen Stämmen.

Die drei Tannen erinnern sowohl an den Waldreichtum der Gegend als an die Zugehörigkeit zur alten Landschaft Emmental. Das Wappen ist seit 1674 bezeugt.

3
LAUPERSWIL
Gespalten von Silber mit einem zugewendeten roten Löwen, und von Rot mit einer silbernen Pflugschar.

Der Löwe ist dem Wappen der Familie «Swaro» entnommen, der ersten Besitzerin der Herrschaft Wartenstein (= Lauperswil). Sie ging 1690 in den Besitz von Lauperswiler Bauern über, was durch die Pflugschar versinnbildlicht wird. Gemeindewappen seit 1922.

4
RÖTHENBACH IM EMMENTAL
In Silber ein roter Rechtsschrägwellenbalken, belegt mit drei (1, 2) silbernen Fischen.

Redendes Wappen, das schon vor 1600 als Gemeindewappen auftaucht, aber erst 1921 von der Gemeinde offiziell angenommen wird.

5
RÜDERSWIL
Geteilt von Silber und Rot mit einem Löwen in gewechselten Farben.

Die Herren von Rüderswil führten das Wappen, das seit 1928 Gemeindewappen ist.

6
SCHANGNAU
In Rot ein erniedrigter silberner Wellenbalken, überdeckt von einer ausgerissenen grünen Tanne mit goldenem Stamm und überhöht von drei goldenen Sternen.

Das Wappen ist berichtend: Der Wellenbalken symbolisiert den Talfluss, die Emme. Die Tanne erinnert an den Waldreichtum und an die Zugehörigkeit zur alten Landschaft Emmental. Die Sterne stehen für die Drittel der Gemeinde: Wald, Tal, Bumbach. Geschaffen 1936.

7
SIGNAU
Fünfmal gespalten von Silber und Blau, überdeckt von zwei roten Querbalken.

Das Wappen der Freiherren von Signau wurde zum Wappen der Landvogtei Signau und dann des Amtes. Auch für die Gemeinde seit 1674 bezeugt.

8
TRUB
In Blau ein goldenes Antoniuskreuz.

Das Wappen des Klosters Trub wurde 1922 als Gemeindewappen angenommen.

9
TRUBSCHACHEN
Geteilt von Gold mit zwei blauen Sternen, und von Blau mit einem goldenen Antoniuskreuz.

Das Wappen berichtet über das Entstehen der heutigen Gemeinde aus einem Teil der Gemeinde Trub (Antoniuskreuz), einem Teil der Gemeinde Langnau (Stern) und der ehemaligen Gemeinde Lauperswil-Viertel (Stern). Geschaffen und angenommen 1920.

Amtsbezirk Signau

1 Eggiwil

2 Langnau im Emmental

3 Lauperswil

4 Röthenbach im Emmental

5 Rüderswil

6 Schangnau

7 Signau

8 Trub

9 Trubschachen

Amtsbezirk Thun

In Rot ein silberner Rechtsschrägbalken, oben belegt mit einem siebenstrahligen goldenen Stern.

Der heutige Amtsbezirk, bestehend seit 1803, führt das altüberlieferte Wappen der Stadt Thun.

AMTSBEZIRK THUN

1
AMSOLDINGEN
In Blau eine goldene gotische Schnalle quergestellt.

Wappen der Familie «von Amsoldingen». Seit 1935 als Gemeindewappen geführt.

2
BLUMENSTEIN
In Blau auf drei silbernen Felsen drei wachsende goldene natürliche Lilien mit beblätterten Stielen.

Redendes Wappen, geschaffen 1924, von der Gemeinde 1945 angenommen.

3
BUCHHOLTERBERG
In Rot auf grünem Boden eine ausgerissene grüne Buche mit silbernem Stamm.

Redendes Wappen. Schon vor 100 Jahren als Gemeindewappen verwendet, offiziell angenommen 1945.

4
ERIZ
In Rot ein silberner Rechtsschrägwellenbalken, überdeckt von einer ausgerissenen grünen Tanne mit goldenem Stamm.

Berichtendes Wappen: Der Wellenbalken versinnbildlicht die Zulg, die Tanne das Waldgelände. Geschaffen und angenommen 1938.

5
FAHRNI
In Rot ein silberner Rechtsschrägbalken, belegt mit einem grünen Farnblatt.

Redendes Wappen (Farnblatt), in Anlehnung an das Amtswappen 1944 geschaffen.

6
FORST
In Rot eine silberne Lilie, in silbernem Schildhaupt auf fünf grünen Hügeln fünf grüne Tannen.

Das Schildhaupt ist redend; die Lilie stammt aus dem Siegel des Klosters Amsoldingen. Geschaffen 1923, angenommen 1945.

7
HEILIGENSCHWENDI
In Blau auf einem goldenen Dreiberg eine gebildete goldene Sonne.

Die Sonne über dem Dreiberg versinnbildlicht die heilkräftige Lage des Ortes. Geschaffen 1934.

8
HEIMBERG
In Blau auf einem grünen Dreiberg ein silbernes Osterlamm mit silberner Fahne mit goldenen Quasten, belegt mit einem durchgehenden roten Kreuz.

Seit dem Anfang unseres Jahrhunderts nachweisbar, von der Gemeinde seit 1928 geführt.

9
HILTERFINGEN
Gespalten von Rot und Silber, überdeckt von einem an goldenem Stickel rankenden, aus einem golden-grünen Dreiberg wachsenden, golden-grünen Rebstock mit zwei goldenen und zwei roten Trauben und zwei goldenen und zwei grünen Blättern.

Die Wappenfigur erinnert an den früher am sonnigen rechten Thunerseeufer verbreiteten Rebbau. Das bereits im 17. Jahrhundert verwendete Wappen erhielt seine heutige Form 1945.

1 Amsoldingen

2 Blumenstein

3 Buchholterberg

4 Eriz

5 Fahrni

6 Forst

7 Heiligenschwendi

8 Heimberg

9 Hilterfingen

10
HÖFEN
Geteilt von Gold mit einer zweitürmigen roten Burg, und von Blau.

Beschreibendes Wappen: Die rote Burg erinnert an die Jagdburg, die blaue Schildhälfte an den Uebeschisee. Geschaffen 1934.

11
HOMBERG
In Rot auf einem grünen Sechsberg ein gedeckter silberner Turm, begleitet von zwei goldenen Sternen.

Der Sechsberg versinnbildlicht das Hügelgelände, die Sterne die Einteilung der Gemeinde in die Schulkreise Enzenbühl und Moosacker. Der Turm erinnert an die ehemalige Zugehörigkeit zum Gericht Steffisburg. Geschaffen 1934.

12
HORRENBACH-BUCHEN
In Rot ein silberner Rechtsschrägwellenbalken, belegt mit drei grünen Buchenblättern, nach der Figur gestellt, und begleitet von zwei silbernen Sternen.

Redendes Wappen: Die zwei Sterne stehen für die zwei Gemeindeteile. Geschaffen 1944.

13
LÄNGENBÜHL
In Rot eine eingebogene silberne Spitze mit einem aufgesetzten goldenen Stern.

Berichtend: Die silberne Spitze weist auf das Landgericht Seftigen hin, zu dem Längenbühl früher gehörte. Der Stern versinnbildlicht die heutige Zugehörigkeit zum Amt Thun. – Geschaffen 1923.

14
OBERHOFEN AM THUNERSEE
Gespalten von Rot und Silber, überdeckt von einem an goldenem Stickel rankenden, aus einem grünen Dreiberg wachsenden grünen Rebstock mit einer silbernen und einer roten Traube und zwei grünen Blättern.

Hinweis auf den Rebbau, der einst ein Haupterwerbszweig war. Seit über 300 Jahren zusammen mit Hilterfingen geführt. In der heutigen Form 1944 angenommen.

15
OBERLANGENEGG
In Silber auf grünem Boden eine grüne Tanne, darunter zwei zugewendete rote Rehe, rechts Bock, links Tier.

Wald- und Wildreichtum haben im 1938 geschaffenen Wappen ihren Ausdruck gefunden.

16
POHLERN
In Silber auf einem schwarzen Dreiberg eine grüne Tanne mit rotem Stamm und roten Wurzeln.

Tanne und Dreiberg versinnbildlichen Berg und Wald. Geschaffen 1912.

17
SCHWENDIBACH
In Silber ein blauer Linksschrägwellenbalken, begleitet von einem siebenstrahligen roten Stern und einem ausgerissenen schwarzen Baumstumpf mit roter Flamme.

Redendes Wappen: Der brennende Baumstumpf berichtet vom Schwenden, der Waldrodung. Der Stern stammt aus dem Amtswappen. 1937 geschaffen.

18
SIGRISWIL
In Rot auf einem grünen Dreiberg eine silberne Weinbrente mit goldenen Reifen, gefüllt mit blauen Trauben und grünem Reblaub.

Der Dreiberg erinnert an die Bodengestalt, die Weinbrente an den Rebbau an den Seegestaden. Schon im 17. Jahrhundert geführt, 1924 als Gemeindewappen angenommen.

10 Höfen

11 Homberg

12 Horrenbach-Buchen

13 Längenbühl

14 Oberhofen am Thunersee

15 Oberlangenegg

16 Pohlern

17 Schwendibach

18 Sigriswil

19
STEFFISBURG
In Rot auf einem grünen Dreiberg eine silberne Burg mit zwei gedeckten Türmen und einem zweistufigen Giebel.

Redendes Wappen. Das Motiv ist schon im 16. Jahrhundert nachzuweisen. Eine prächtige Scheibe des Freigerichts Steffisburg von 1681 zeigt bereits die heutige Form.

20
TEUFFENTHAL (BE)
In Gold eine rote Deichsel.

Wappen eines Thuner Schultheissen Konrad von Teuffenthal 1322. Von der Gemeinde angenommen 1945.

21
THIERACHERN
In Gold auf einem grünen Dreiberg ein steigender roter Hirsch.

Redendes Wappen, bereits auf einer Fahne von 1680 überliefert. In der heutigen Form seit etwa 1930 verwendet.

22
THUN
In Rot ein silberner Rechtsschrägbalken, oben belegt mit einem siebenstrahligen goldenen Stern.

Altüberliefertes Wappen der Stadt Thun. Es scheint noch aus dem 13. Jahrhundert zu stammen, allerdings mit schwarzem Stern, der nach der Schlacht bei Murten 1476 durch den goldenen ersetzt wurde.

23
UEBESCHI
In Blau drei (2, 1) silberne Sterne.

Ursprung und Deutung sind nicht bekannt. Das Wappen wird schon um 1780 erwähnt, als Gemeindewappen verwendet seit Beginn unseres Jahrhunderts.

24
UETENDORF
In Blau ein silberner Rechtsschrägbalken, belegt mit drei goldbesamten roten Rosen mit grünen Kelchzipfeln.

Das um 1780 zum erstenmal nachgewiesene Wappen geht möglicherweise auf ein Ministerialengeschlecht «von Uetendorf» zurück. Als Gemeindewappen seit 1912 im Gebrauch.

25
UNTERLANGENEGG
Geviert von Schwarz mit einer halben silbernen Burg am Spalt, und von Silber mit einer ausgerissenen grünen Tanne mit rotem Stamm.

Die Tannen weisen auf die waldreiche Gegend hin, die schwarzen Viertel (Ecken) auf Schwarzenegg. Die Burgen weisen auf die frühere Zugehörigkeit zu Steffisburg hin. Geschaffen 1944.

26
WACHSELDORN
In Gold ein schwarzer Dornzweig mit vier schwarzen Dornen und fünf grünen Blättern.

Redendes Wappen, geschaffen 1938.

27
ZWIESELBERG
In Rot auf einem grünen Dreiberg eine zweitürmige silberne Burg, überhöht von einem goldenen Stern zwischen zwei goldbesamten silbernen Rosen mit grünen Kelchzipfeln.

Die geographische und die politische Lage der Gemeinde kommt zum Ausdruck: der Dreiberg ist redend, die Burg stammt aus dem Wappen Niedersimmental, die Rosen sind dem Amtswappen Seftigen entnommen, der Stern dem Wappen von Thun. Geschaffen 1926.

Amtsbezirk Thun

19 Steffisburg

20 Teuffenthal (BE)

21 Thierachern

22 Thun

23 Uebeschi

24 Uetendorf

25 Unterlangenegg

26 Wachseldorn

27 Zwieselberg

Amtsbezirk Trachselwald

In Rot eine ausgerissene grüne Tanne mit goldenem Stamm, rechts oben begleitet von einem goldenen Stern.

Das Wappen der alten, waldreichen Landschaft Emmental, dann der Landvogtei Trachselwald und seit 1803 des Amtsbezirks.

AMTSBEZIRK TRACHSELWALD

1
AFFOLTERN IM EMMENTAL
In Silber ein ausgerissener grüner (heraldischer) Apfelbaum mit roten Früchten.

Redendes Wappen: Affoltern heisst «bei den Apfelbäumen». Bekannt ist es seit dem ausgehenden 19. Jahrhundert, als Gemeindewappen festgelegt 1945.

2
DÜRRENROTH
In Silber über einem roten Dreiberg ein roter Rechtsschrägwellenbalken, oben begleitet von einem roten Stern.

Redendes Wappen (Hinweis auf den Rotbach), in den Motiven schon im 18. Jahrhundert bekannt. Die heutige Form wurde 1945 von der Gemeinde beschlossen.

3
ERISWIL
In Rot ein schwebender grüner Sechsberg.

Abgeleitet vom Wappen der Freiherren von Grünenberg, denen Eriswil einst gehörte. Als Ortswappen seit dem 18. Jahrhundert gebräuchlich.

4
HUTTWIL
In Blau zwei gekreuzte silberne Schlüssel, überhöht von einem goldenen Stern.

Es wird vermutet, das Wappen gehe auf das Kloster St. Peter im Schwarzwald zurück, das einst in Huttwil über Grundbesitz und Rechte verfügte. Bekannt ist das Wappen seit etwa 1500. In der heutigen Form wurde es 1913 festgelegt.

5
LÜTZELFLÜH
In Rot ein silberner Rechtsschrägwellenbalken, in rotem Schildhaupt sechs grüne Tannen auf sechs silbernen Hügeln.

Der Wellenbalken ist als Emme zu deuten; die silbernen Berge spielen an auf die Bodengestalt und wohl auch auf den Namen (kleine Flühe). Geschaffen wurde das Wappen um 1900, festgelegt 1945.

6
RÜEGSAU
Gespalten von Rot mit einem silbernen Tatzenhochkreuz, und von Silber mit einem blauen Rechtsschrägwellenbalken.

Die rechte Schildhälfte weist hin auf das ehemalige Kloster Rüegsau, die linke an den Rüegsbach. Die Gemeinde nahm das Wappen 1912 an.

7
SUMISWALD
Gespalten von Silber mit einem roten Querbalken, und von Rot.

Das Wappen der Herren von Sumiswald, später der Landvogtei. Als Ortswappen seit dem 18. Jahrhundert im Gebrauch.

8
TRACHSELWALD
In Rot eine ausgerissene grüne Tanne mit goldenem Stamm, rechts oben begleitet von einem goldenen Stern.

Das Wappen der alten Landschaft Emmental, dann der Landvogtei Trachselwald, wird von der Ortschaft schon seit dem 17. Jahrhundert verwendet.

9
WALTERSWIL (BE)
In Silber drei schwarze brennende Äste pfahlweis, oben mit roter Flamme.

Das Wappen wird auf eine adelige Familie «von Walterswil» zurückgeführt. Die Gemeinde hat das Wappen 1923 übernommen.

Amtsbezirk Trachselwald

1 Affoltern im Emmental

2 Dürrenroth

3 Eriswil

4 Huttwil

5 Lützelflüh

6 Rüegsau

7 Sumiswald

8 Trachselwald

9 Walterswil (BE)

10
WYSSACHEN
In Rot eine silberne gewellte Deichsel,
oben begleitet von einem goldenen Stern.

Redendes Wappen: die Wellendeichsel
symbolisiert die Wyssachen (= weisser Bach)
und ihre Nebenbäche. Der Stern ist dem
Amtswappen entnommen. Das Wappen wurde
1920 geschaffen.

10 Wyssachen

Amtsbezirk Wangen

In Silber zwei gekreuzte blaue Schlüssel.

Das Wappen der Stadt ging auf die Vogtei und später auf den Amtsbezirk über.

Amtsbezirk Wangen

1
ATTISWIL
In Rot über einem grünen Dreiberg mit zwei grünen Kleeblättern ein goldenes Tatzenkreuz mit geradlinigen Armen, oben begleitet von zwei goldenen Sternen.

Es soll einst eine Geschichte um das Wappen gegeben haben. Sie wurde vergessen, und nun fehlt für das Wappen jede Deutung. Man kennt von ihm eine Wiedergabe aus dem 17. Jahrhundert; als Gemeindewappen wird es seit etwa 1900 verwendet.

2
BERKEN
In Grün zwei gekreuzte gestürzte silberne Pflugscharen.

Der grüne Schild und die Pflugscharen versinnbildlichen den Landbau. Das Wappen taucht im letzten Jahrhundert erstmals auf; in der heutigen Form ist es seit 1945 im Gebrauch.

3
BETTENHAUSEN
In Blau eine rechtsschräg gestellte gestürzte silberne Pflugschar, begleitet oben von einem goldenen Stern, unten von einem schräggestellten gesichteten goldenen Halbmond.

Die Pflugschar weist auf die Landwirtschaft hin; die beiden Nachtgestirne könnten eine Anspielung auf den Ortsnamen sein («nach Bettenhausen gehen» = schlafen gehen). Seit dem letzten Jahrhundert als Gemeindewappen verwendet.

4
BOLLODINGEN
In Silber eine ausgerissene (heraldische) rote Linde mit grünen Blättern.

Das Wahrzeichen Bollodingens, die Dorflinde, ist seit dem Anfang des 19. Jahrhunderts als Wappenfigur bekannt. Die heutige heraldische Form wurde 1945 geschaffen.

5
FARNERN
In Silber auf einem grünen Dreiberg drei grüne Farnblätter.

Redendes Wappen; seit Beginn des 20. Jahrhunderts im Gebrauch.

6
GRABEN
In Schwarz eine silberne Schaufel mit goldenem Stiel, gekreuzt mit einem silbernen Spaten mit goldenem Stiel.

Redendes Wappen. Seit 1870 nachweisbar, erhielt das Wappen 1945 die heutige Form.

7
HEIMENHAUSEN
In Rot drei ausgerissene grüne Tannen mit silbernen Stämmen.

Auf drei Seiten ist die Flur von Heimenhausen von Wald umgeben, deshalb die drei Tannen. Das Wappen begegnet uns erstmals um 1870; seine jetzige Gestalt erhielt es 1932.

8
HERMISWIL
In Blau ein aufgerichtetes silbernes Pferd.

Das Wirtshausschild des «Weissen Rössli» zu Hermiswil, wo das Gericht tagte, soll das Vorbild für das Wappen geliefert haben. Die heutige Form wurde 1945 festgelegt.

9
HERZOGENBUCHSEE
In Rot ein silberner Rechtsschrägbalken, belegt mit neun grünen Buchsblättern, oben begleitet von einer goldenen Krone.

Redendes Wappen. Es ist alt; seine Form war aber bis in die jüngste Zeit unbestimmt. Erst 1945 wurde die jetzige Form festgelegt.

Amtsbezirk Wangen

1 Attiswil

2 Berken

3 Bettenhausen

4 Bollodingen

5 Farnern

6 Graben

7 Heimenhausen

8 Hermiswil

9 Herzogenbuchsee

10
INKWIL
Durch Wellenschnitt geteilt von Silber mit einer grünen Insel, auf welcher zwei grüne Tannen wachsen, und von Blau mit einem silbernen Fisch, das Ganze überdeckt von einem schwarzen Fischger mit vier Spitzen.

Das Wappen ist beschreibend: Inkwilersee und bewaldetes Inselchen sind dargestellt. Das Wappen ist kurz vor dem ersten Weltkrieg entstanden; die heutige Form wurde 1945 festgelegt.

11
NIEDERBIPP
In Silber ein blauer Rechtsschrägwellenbalken, oben begleitet von einer roten Münze mit Tatzenkreuz.

Der Wellenbalken stammt aus dem Wappen der ehemaligen Landvogtei Bipp. Die Münze spielt an auf die Zollstätte Dürrmühle. Das Wappen wurde 1945 geschaffen.

12
NIEDERÖNZ
In Blau zwei gekreuzte silberne Forellen.

Die forellenreiche Önz hat die Wappenfiguren geliefert. Das Wappen lässt sich schon um 1870 feststellen; die heutige Form erhielt es 1945.

13
OBERBIPP
In Silber auf einem grünen Dreiberg drei grüne Linden.

Schon in der Mitte des 17. Jahrhunderts ist das Motiv des Wappens nachweisbar; die heutige Form wurde 1945 geschaffen.

14
OBERÖNZ
In Rot ein silberner Eisenhut mit Riemen.

Wappen der Herren von Önz, bereits im 13. Jahrhundert belegt. Das Gemeindewappen mit dem Eisenhut ist schon seit dem 18. Jahrhundert bekannt.

15
OCHLENBERG
Geteilt von Rot und Silber, überdeckt von einer ausgerissenen grünen Tanne mit rotem Stamm.

Der Waldreichtum kommt im Wappen zum Ausdruck. Seit etwa 1870 im Gebrauch.

16
RÖTHENBACH BEI HERZOGENBUCHSEE
In Silber ein roter Wellenbalken, belegt mit einem silbernen Fisch und begleitet oben von zwei roten Sternen, unten von einer goldbesamten roten Rose mit grünen Kelchzipfeln.

Redendes Wappen. Die Motive tauchen schon um 1870 auf; die heutige Form hat das Wappen 1945 erhalten.

17
RUMISBERG
In Silber drei blaue Spitzen im Schildfuss, überhöht von einer goldbesamten roten Rose mit grünen Kelchzipfeln.

Redendes Wappen. Die Rose soll zudem an den Rumisberger Hans Roth erinnern, der 1382 die Stadt Solothurn vor den Feinden warnte. – Das Bergmotiv taucht schon am Anfang des 20. Jahrhunderts auf; festgelegt wurde das jetzige Wappen 1945.

18
SEEBERG
Fünfmal gespalten von Blau und Silber, überdeckt von einem goldenen Rechtsschrägbalken.

Wappen der Herren von Seeberg, seit dem 18. Jahrhundert als Ortswappen verwendet und 1945 als Gemeindewappen angenommen.

10 Inkwil

11 Niederbipp

12 Niederönz

13 Oberbipp

14 Oberönz

15 Ochlenberg

16 Röthenbach
bei Herzogenbuchsee

17 Rumisberg

18 Seeberg

19
THÖRIGEN
In Rot ein goldener Löwe.

Die Herkunft des Wappens ist nicht eindeutig geklärt. Es taucht um 1870 als Gemeindewappen auf und wird 1945 offiziell angenommen.

20
WALLISWIL BEI NIEDERBIPP
In Silber ein blauer Rechtsschrägwellenbalken, belegt mit einem goldenen Schiff und begleitet von zwei goldbesamten roten Rosen mit grünen Kelchzipfeln.

Berichtendes Wappen: Der Bach entstammt dem Wappen der Landvogtei Bipp. Das Schiff ist eine alte Wappenfigur von Walliswil und versinnbildlicht den Verkehr über die Aare. – Geschaffen 1927.

21
WALLISWIL BEI WANGEN
In Silber ein rechtsschräg gestellter blauer Schlüssel.

Der Schlüssel stammt aus dem Amtswappen. Das Wappen scheint schon im 19. Jahrhundert gebräuchlich gewesen zu sein; es wurde 1945 bestätigt.

22
WANGEN AN DER AARE
In Silber zwei gekreuzte blaue Schlüssel.

Die Schlüssel gehen auf das Wappen der Benediktinerabtei Sankt Peter im Schwarzwald zurück. Das zähringische Hauskloster hatte im Oberaargau reichen Grundbesitz. Das Wappen ist seit 600 Jahren im Gebrauch.

23
WANGENRIED
Geteilt von Blau und Silber, überdeckt von einem gestürzten Schlüssel in gewechselten Farben.

In Farben und Figur Anlehnung an das Amtswappen. Schon um die Mitte des 19. Jahrhunderts führte die Gemeinde ein ähnliches Wappen auf dem Siegel; die heutige Form wurde 1945 geschaffen.

24
WANZWIL
In Rot eine rechtsschräg gestellte silberne Pflugschar, begleitet von zwei goldenen Sternen.

Die Pflugschar ist Symbol des Landbaus. Das Wappen erscheint um die Mitte des 19. Jahrhunderts; in der heutigen Form 1945 angenommen.

25
WIEDLISBACH
In Silber ein blauer Rechtsschrägwellenbalken.

Das redende Wappen der Stadt Wiedlisbach ist schon im 14. Jahrhundert belegt. Es hat seine Form unverändert beibehalten bis zum heutigen Tag.

26
WOLFISBERG
In Silber auf einem grünen Dreiberg ein aufgerichteter roter Wolf.

Redendes Wappen. Das Motiv erscheint schon um 1780; in der heutigen Form wurde das Wappen 1945 gestaltet.

19 Thörigen

20 Walliswil bei Niederbipp

21 Walliswil bei Wangen

22 Wangen an der Aare

23 Wangenried

24 Wanzwil

25 Wiedlisbach

26 Wolfisberg

Literaturhinweise   Bibliographie

Galbreath, Donald Lindsay; Jéquier, Léon: Lehrbuch der Heraldik. München, 1978
    (édition française: Galbreath: Manuel du blason. Lausanne, 1977).
Neubecker, Ottfried: Heraldik. Wappen – ihr Ursprung, Sinn und Wert.
    Frankfurt am Main, 1977.
Walter, Leonhard: Das grosse Buch der Wappenkunst. München, 1978.

Mader, Robert: Die Fahnen und Farben der Schweizerischen Eidgenossenschaft und
    der Kantone. St. Gallen, 1942.
Mühlemann, Louis: Wappen und Fahnen der Schweiz. Luzern, 1977.

Dessemontet, Olivier: Armorial des communes vaudoises, Lausanne, 1972.
Herrmann, Samuel: Die Gemeindewappen des Amtsbezirks Aarwangen.
    In: Jahrbuch des Oberaargaus, 9. Jahrgang, Herzogenbuchsee, 1966.
Herrmann, Samuel: Die Gemeindewappen des Amtsbezirks Wangen.
    In: Jahrbuch des Oberaargaus, 13. Jahrgang. Herzogenbuchsee, 1970.
Herrmann, Samuel: Die Gemeindewappen der Region Huttwil.
    In: Jahrbuch des Oberaargaus, 19. Jahrgang. Herzogenbuchsee, 1976.
Mettler, Charles-Emile: Armorial des communes du Jura bernois. Porrentruy, 1952.
Schibli, Max: Die Gemeindewappen des Kantons Aargau. Aarau, 1978.
Vevey, Hubert de: Armorial des communes et des districts du canton de Fribourg.
    Zürich, 1943.

Register der Wappen

Index des Armoiries

Erläuterung

Beispiel: Aarberg, Gemeinde *41*; 51, 1

41
Ziffern in *kursiver* Schrift beziehen sich auf den Einführungsteil: das Wappen der Gemeinde Aarberg kommt also darin auf Seite 41 vor.

51, 1
Ziffern in normaler Schrift beziehen sich auf den Wappenteil: das Wappen der Gemeinde Aarberg kommt also darin auf Seite 51 vor; die 1 bedeutet, dass die Gemeinde Aarberg in der alphabetischen Reihenfolge der Gemeinden des Amtsbezirks Aarberg die Ordnungszahl 1 besitzt.

Mit der gleichen Ordnungszahl sind die Gemeinden innerhalb ihres Amtsbezirks auch auf den Berner Karten vorn und hinten im Buch bezeichnet.

Explication

Exemple: Aarberg, commune *41*; 51, 1

41
Les chiffres imprimés en caractères *italiques* renvoient à l'introduction de l'ouvrage: les armoiries de la commune d'Aarberg y figurent à la page 41.

51, 1
Les chiffres imprimés en caractères normaux renvoient aux pages qui présentent les armoiries: celles de la commune d'Aarberg y figurent à la page 51; le numéro 1 signifie que, dans l'ordre alphabétique des communes du district d'Aarberg, la commune d'Aarberg occupe le premier rang.

C'est au moyen de ce même numéro d'ordre que les communes sont indiquées sur les cartes du canton de Berne qui figurent au début et à la fin de l'ouvrage.

Aarberg, Amtsbezirk *2*; 49
Aarberg, Gemeinde *41*; 51, 1
Aarwangen, Amtsbezirk *2*; 55
Aarwangen, Gemeinde 57, 1
Adelboden 109, 1
Aefligen 81, 1
Aegerten 155, 1
Aeschi bei Spiez *2*; 109, 2
Aeschlen 121, 1
Affoltern im Emmental 203, 1
Albligen 179, 1
Alchenstorf 81, 2
Amsoldingen 195, 1
Arch 75, 1
Arni 121, 2
Attiswil 209, 1
Auswil 57, 2

Ballmoos 101, 1
Bangerten 101, 2

Bannwil 57, 3
Bargen (BE) 51, 2
Bäriswil 81, 3
Bätterkinden 101, 3
Beatenberg 113, 1
Bellmund 155, 2
Belp 183, 1
Belpberg 183, 2
Belprahon 143, 1
Berken 209, 2
Bern/Berne, Kanton/Etat de *2, 20, 25, 33, 40*; 45
Bern, Amtsbezirk 63
Bern, Gemeinde *23, 25*; 65, 1
Bettenhausen 209, 3
Bévilard 143, 2
Biel/Bienne, Amtsbezirk/district 69
Biel/Bienne, Gemeinde/commune 71, 1
Biglen 121, 3
Blauen 131, 1

Bleienbach 57,4
Bleiken bei Oberdiessbach 121,4
Blumenstein 195,2
Bolligen, Einwohnergemeinde 65,2
Bolligen, Viertelsgemeinde 67,2 A
Bollodingen 209,4
Boltigen 171,1
Bönigen 113,2
Bowil 121,5
Bremgarten bei Bern 65,3
Brenzikofen 121,6
Brienz (BE) 113,3
Brienzwiler 113,4
Brislach 131,2
Brügg 155,3
Brüttelen 95,1
Buchholterberg 195,3
Büetigen 75,2
Bühl 155,4
Büren, Amtsbezirk *2*; 73
Büren an der Aare, Gemeinde 75,3
Büren zum Hof 101,4
Burg im Leimental 131,3
Burgdorf, Amtsbezirk *2*; 79
Burgdorf, Gemeinde *2*; 81,4
Burgistein 183,3
Busswil bei Büren 75,4
Busswil bei Melchnau 57,5

Champoz 143,3
Châtelat 143,4
Clavaleyres 137,1
Corcelles 143,5
Corgémont 89,1
Cormoret 89,2
Cortébert 89,3
Court 143,6
Courtelary, district 87
Courtelary, commune 89,4
Crémines 143,7

Därligen 113,5
Därstetten 163,1
Deisswil bei Münchenbuchsee 101,5
Diemerswil 101,6
Diemtigen 163,2
Diessbach bei Büren 75,5
Diesse 151,1
Dittingen 131,4

Dotzigen 75,6
Duggingen 131,5
Dürrenroth 203,2

Eggiwil 191,1
Elay/Seehof 147,22
Englisberg 183,4
Epsach 155,5
Eriswil 203,3
Eriz 195,4
Erlach, Amtsbezirk *2*; 93
Erlach, Gemeinde 95,2
Erlenbach im Simmental 163,3
Ersigen 81,5
Eschert 143,8
Etzelkofen 101,7
Evilard/Leubringen 71,2

Fahrni 195,5
Farnern 209,5
Ferenbalm 137,2
La Ferrière 89,5
Finsterhennen 95,3
Forst 195,6
Fraubrunnen, Amtsbezirk 99
Fraubrunnen, Gemeinde 101,8
Frauenkappelen 137,3
Freimettigen 121,7
Frutigen, Amtsbezirk *2*; 107
Frutigen, Gemeinde 109,3

Gadmen 167,1
Gals 95,4
Gampelen 95,5
Gelterfingen 183,5
Gerzensee 183,6
Golaten 137,4
Gondiswil 57,6
Graben 209,6
Grafenried 101,9
Grandval 143,9
Grellingen 131,6
Grindelwald 113,6
Grossaffoltern 51,3
Grosshöchstetten 121,8
Gsteig 175,1
Gsteigwiler 113,7
Guggisberg 179,2
Gündlischwand 113,8

Gurbrü 137, 5
Gurzelen 183, 7
Gutenburg 57, 7
Guttannen 167, 2

Habkern 113, 9
Hagneck 155, 6
Hasle bei Burgdorf 81, 6
Hasliberg 167, 3
Häutligen 121, 9
Heiligenschwendi 195, 7
Heimberg 195, 8
Heimenhausen 209, 7
Heimiswil 81, 7
Hellsau 81, 8
Herbligen 123, 10
Hermiswil 209, 8
Hermrigen 155, 7
Herzogenbuchsee 209, 9
La Heutte 89, 6
Hilterfingen 195, 9
Hindelbank 81, 9
Höchstetten 83, 10
Höfen 197, 10
Hofstetten bei Brienz 115, 10
Homberg 197, 11
Horrenbach-Buchen 197, 12
Huttwil 2; 203, 4

Iffwil 103, 10
Inkwil 211, 10
Innertkirchen 167, 4
Ins 95, 6
Interlaken, Amtsbezirk 2; 111
Interlaken, Gemeinde 2; 115, 11
Ipsach 155, 8
Iseltwald 115, 12
Ittigen, Viertelsgemeinde 67, 2 B

Jaberg 183, 8
Jegenstorf 103, 11
Jens 155, 9

Kallnach 51, 4
Kandergrund 109, 4
Kandersteg 109, 5
Kappelen 41; 51, 5
Kaufdorf 183, 9
Kehrsatz 185, 10
Kernenried 83, 11

Kienersrüti 185, 11
Kiesen 123, 11
Kirchberg (BE) 83, 12
Kirchdorf (BE) 185, 12
Kirchenthurnen 185, 13
Kirchlindach 65, 4
Kleindietwil 57, 8
Köniz 65, 5
Konolfingen, Amtsbezirk 17; 119
Konolfingen, Gemeinde 123, 12
Koppigen 83, 13
Krattigen 109, 6
Krauchthal 83, 14
Kriechenwil 137, 6

Lamboing 151, 2
Landiswil 123, 13
Längenbühl 197, 13
Langenthal 57, 9
Langnau im Emmental 191, 2
La Scheulte/Schelten 147, 21
Lauenen 175, 2
Laufen, Amtsbezirk 129
Laufen, Gemeinde 131, 7
Laupen, Amtsbezirk 2; 135
Laupen, Gemeinde 137, 7
Lauperswil 191, 3
Lauterbrunnen 115, 13
Leimiswil 59, 10
Leissigen 115, 14
Lengnau (BE) 75, 7
Lenk 171, 2
Leubringen/Evilard 71, 2
Leuzigen 75, 8
Liesberg 131, 8
Ligerz 157, 10
Limpach 103, 12
Linden 123, 14
Lohnstorf 185, 14
Lotzwil 59, 11
Loveresse 145, 10
Lüscherz 33; 95, 7
Lütschental 115, 15
Lützelflüh 203, 5
Lyss 51, 6
Lyssach 83, 15

Madiswil 59, 12
Malleray 145, 11

Matten bei Interlaken 115, 16
Mattstetten 103, 13
Meienried 75, 9
Meikirch 51, 7
Meinisberg 77, 10
Meiringen 167, 5
Melchnau 59, 13
Merzligen 157, 11
Mirchel 123, 15
Monible 145, 12
Mont-Tramelan 89, 7
Mörigen 157, 12
Moosseedorf 103, 14
Mötschwil 83, 16
Moutier, district 141
Moutier, commune 145, 13
Mühleberg 137, 8
Mühledorf (BE) 185, 15
Mühlethurnen 185, 16
Mülchi 103, 15
Münchenbuchsee 103, 16
Münchenwiler 137, 9
Münchringen 103, 17
Münsingen *17*; 123, 16
Müntschemier 95, 8
Muri bei Bern 65, 6

Nenzlingen 131, 9
Neuenegg 139, 10
La Neuveville, district 149
La Neuveville, commune 151, 3
Nidau, Amtsbezirk *2*; 153
Nidau, Gemeinde 157, 13
Niederbipp 211, 11
Niederhünigen 123, 17
Niedermuhlern 185, 17
Niederönz 211, 12
Niederösch 83, 17
Niederried bei Kallnach 51, 8
Niederried bei Interlaken 115, 17
Niedersimmental, Amtsbezirk *2*; 161
Niederstocken 163, 4
Niederwichtrach 123, 18
Nods 151, 4
Noflen 185, 18

Oberbalm 65, 7
Oberbipp 211, 13
Oberburg 83, 18

Oberdiessbach 125, 19
Oberhasli, Amtsbezirk *2*; 165
Oberhofen am Thunersee 197, 14
Oberhünigen 125, 20
Oberlangenegg 197, 15
Oberönz 211, 14
Oberösch 85, 19
Oberried am Brienzersee 115, 18
Obersimmental, Amtsbezirk *2*; 169
Obersteckholz 59, 14
Oberstocken 163, 5
Oberthal 125, 21
Oberwichtrach 125, 22
Oberwil bei Büren 77, 11
Oberwil im Simmental 163, 6
Ochlenberg 211, 15
Oppligen 125, 23
Orpund 157, 14
Orvin 89, 8
Öschenbach 59, 15
Ostermundigen, Viertelsgemeinde 67, 2 C

Perrefitte 145, 14
Péry 89, 9
Pieterlen 77, 12
Plagne 91, 10
Pohlern 197, 16
Pontenet 145, 15
Port 157, 15
Prêles 151, 5

Radelfingen 51, 9
Rapperswil 53, 10
Rebévelier 145, 16
Reconvilier 145, 17
Reichenbach im Kandertal 109, 7
Reisiswil 59, 16
Renan (BE) *20*; 91, 11
Reutigen 163, 7
Riggisberg 187, 19
Ringgenberg (BE) 117, 19
Roches 145, 18
Roggenburg 133, 10
Roggwil (BE) 59, 17
Rohrbach 59, 18
Rohrbachgraben 61, 19
Romont (BE) 91, 12
Röschenz 133, 11
Röthenbach im Emmental 191, 4

Röthenbach bei Herzogenbuchsee 211, 16
Rubigen 125, 24
Rüderswil 191, 5
Rüdtligen-Alchenflüh 85, 20
Rüeggisberg 187, 20
Rüegsau 203, 6
Rumendingen 85, 21
Rumisberg 211, 17
Rümligen 187, 21
Ruppoldsried 103, 18
Rüschegg *19*; 179, 3
Rüti bei Büren 77, 13
Rüti bei Lyssach 85, 22
Rüti bei Riggisberg 187, 22
Rütschelen 61, 20

Saanen, Amtsbezirk *2*; 173
Saanen, Gemeinde 175, 3
Safnern 157, 16
Saicourt 147, 19
Saint-Imier 91, 13
St. Stephan 171, 3
Saules 147, 20
Saxeten 117, 20
Schalunen 105, 19
Schangnau 191, 6
Schattenhalb 167, 6
Schelten/La Scheulte 147, 21
Scheunen 105, 20
Scheuren 157, 17
Schlosswil 125, 25
Schüpfen 53, 11
Schwadernau 157, 18
Schwanden bei Brienz 117, 21
Schwarzenburg, Amtsbezirk *2*; 177
Schwarzhäusern 61, 21
Schwendibach 197, 17
Seeberg 211, 18
Seedorf (BE) 53, 12
Seehof/Elay 147, 22
Seftigen, Amtsbezirk 181
Seftigen, Gemeinde 187, 23
Signau, Amtsbezirk *2*; 189
Signau, Gemeinde 191, 7
Sigriswil 197, 18
Siselen 95, 9
Sonceboz-Sombeval 91, 14
Sonvilier 91, 15
Sornetan 147, 23

Sorvilier 147, 24
Souboz 147, 25
Spiez 163, 8
Steffisburg 199, 19
Stettlen 65, 8
Studen 159, 19
Sumiswald *33*; 203, 7
Sutz-Lattrigen 159, 20

Tägertschi 125, 26
Täuffelen 159, 21
Tavannes 147, 26
Teuffenthal (BE) 199, 20
Thierachern 199, 21
Thörigen 213, 19
Thun, Amtsbezirk *2*; 193
Thun, Gemeinde 199, 22
Thunstetten 61, 22
Toffen 187, 24
Trachselwald, Amtsbezirk *2, 33*; 201
Trachselwald, Gemeinde 203, 8
Tramelan 91, 16
Treiten 97, 10
Trub 191, 8
Trubschachen 191, 9
Tschugg 97, 11
Tüscherz-Alfermée 159, 22
Twann 159, 23

Uebeschi 199, 23
Uetendorf 199, 24
Unterlangenegg 199, 25
Unterseen *2*; 117, 22
Untersteckholz 61, 23
Ursenbach 61, 24
Urtenen 105, 21
Uttigen 187, 25
Utzenstorf 105, 22

Vauffelin 91, 17
Vechigen 65, 9
Vellerat 147, 27
Villeret 91, 18
Vinelz 97, 12

Wachseldorn 199, 26
Wahlen 133, 12
Wahlern 179, 4
Walkringen 125, 27

Walliswil bei Niederbipp 213,20
Walliswil bei Wangen 213,21
Walperswil 159,24
Walterswil (BE) 203,9
Wangen, Amtsbezirk *2*; 207
Wangen an der Aare, Gemeinde 213,22
Wangenried 213,23
Wanzwil 213,24
Wattenwil 187,26
Wengi 77,14
Wiedlisbach *2*; 213,25
Wiggiswil 105,23
Wilderswil 117,23
Wiler bei Utzenstorf 105,24
Wileroltigen 139,11
Willadingen 85,23
Wimmis 163,9

Wohlen bei Bern 67,10
Wolfisberg 213,26
Worb 127,28
Worben 159,25
Wynau 61,25
Wynigen *39*; 85,24
Wyssachen 205,10

Zauggenried 105,25
Zäziwil 127,29
Zielebach 105,26
Zimmerwald 187,27
Zollikofen 67,11
Zuzwil 105,27
Zweisimmen 171,4
Zwieselberg 199,27
Zwingen 133,13

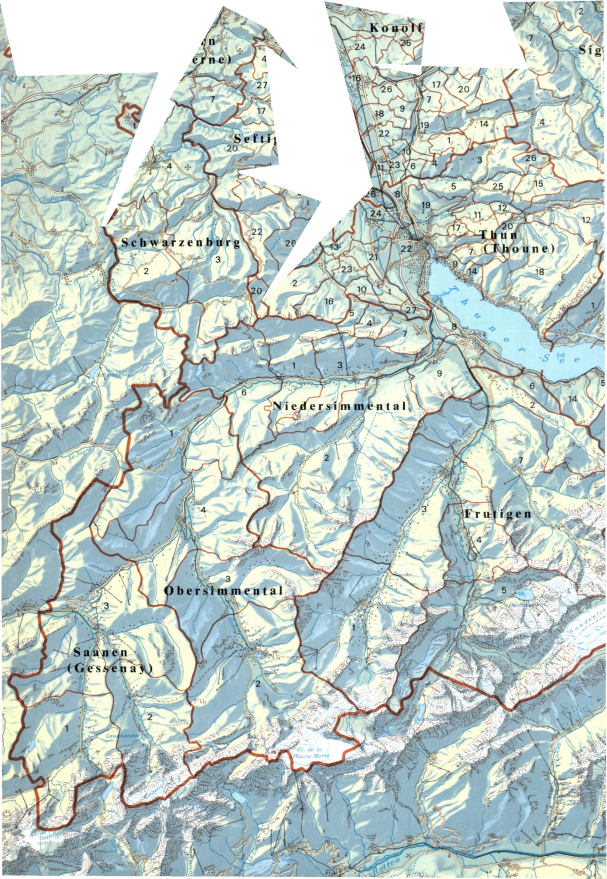